善待自己，即便你不完美

The Kindness Method

Change Your Habits for Good Using Self-Compassion and Understanding

by

Shahroo Izadi

莎魯・艾札迪——著

王念慈——譯

這本書獻給艾美基地的所有年輕女孩們，
善待自己，因為妳值得。

目錄

推薦序

先同理自己，才會懂得溫柔待人

二〇一六年夏天，莎魯．艾札迪用喝了六杯咖啡的時間，改變我的人生。

當時，我正在為線上雜誌《泳池》（譯名，*The Pool*）撰寫系列專欄，探討酒和我之間的關係；會聯繫她，不單只是想請她將我與酒的這段關係形塑的更具體，也希望她能幫助我釐清「我」和「酒」之間究竟發生了什麼事：「週二的晚上，我『又』出現在酒吧內，我的肚子裡『又』只有一瓶葡萄酒和一包薯片，其他什麼都沒有。酒是我反應情緒的媒介：壓力、慶祝、放鬆、週一晚上或週日下午；不論是什麼情況，都想來一杯。」這，就是我和酒，剪不斷理還亂的複雜關係。

不過，莎魯並沒有像許多電影情節發展般，在彈指間就為我的人生帶來戲劇化的轉變。因為我們在論述如何處理飲酒問題，或確切地說「打破習慣的當下」，我根本無意停止這樣的飲酒習慣，甚至也不認為我需要這麼做。

莎魯之所以會改變我的人生，是因為她讓我「用一種全新的方式與自己對話」；這就是她的魔力。她會領著你走到你自己腦袋的祕密後門，而這道門遠離了所有的焦慮、憂煩、內疚感和不安全感，然後說：「嘿，你看，就在這裡。還有另一種方法能讓你做到這件事。」那個方法就是「善待自己」。想到現在各位也即將認識這個神奇的「自我善待法」，我的內心就澎湃不已。

自己，才是人生的第一優先順序

我們的初次相遇讓我措手不及。

之前我參加過「適度管理」（Moderation Management）這類非營利組織的戒酒營，相較於它的活動地點是教堂內隱蔽的地下室，我與莎魯初次碰面的地點，卻是倫敦市中心一間陽光充足又時髦的咖啡店，令我十分訝異。但更令我訝異的是，我們實際上並沒有談到酒這件事。相對的，莎魯想了解我的希望和抱負，還有我自認擁有的技能、才能和長處是什麼。原本預計她會要我每喝了一杯黑皮諾（Pinot）葡萄酒，就寫一篇日記；但，她只要我記下那些會讓我成為「我」的事。

透過她的地圖（你會在書中找到它們），我開始建構出一幅幅我想要的人生樣貌，並看見了阻礙我朝那個方向前行的障礙：某些，我會在日後回頭重新檢視，誠實反映並提醒我，我倆已並肩走過了多遠的路、讓我做出了多少改變的事情。

然而，一開始，我還搞不太清楚莎魯問我這些問題的意義。對話中，我依舊不斷把話題拉到酒上。喝完我們的某一杯咖啡後，我沮喪的說：「為什麼我要在週末的那個晚宴上喝的那麼醉？」但莎魯並沒有問我喝了多少酒，反倒是問了我那場晚宴帶給我怎樣的感覺；而她的這個問題，讓我發現了自己在那場宴會中被「自我懷疑」和「低人一等」的感覺所籠罩。

透過莎魯正向的引導，很快地就明白我的飲酒問題其實跟酒本身沒什麼關係（這正是為什麼我們一直都沒談論到它的原因）；相反的，飲酒這個行為就像是我的氧氣罩，它能為我補給一些自信，帶著我穿過那些我自認無法應付的處境或情緒。莎魯的方法不會針對任何特定的物質或習慣（諸如酒、藥物、賭博、性或食物）去擬定改變它們的方法，因為這些都只是症狀；造成這些症狀的根本原因，才是莎魯真正在乎的事情。

誠如各位將在書中所看到的，莎魯的這套方法會以很多種不同角度，全面檢視你的處境。「在這個過程中，請把自己想像成一個正在低頭俯視瑪莉莎（推薦序筆者名）星球的外星人。」她說。事實上，我們不太常有機會找到一個制高點或時間，從遙遠的觀點來端看自己。但在那一個小時、那一杯咖啡的時間裡，我突然在莎魯的引導下看清了「瑪莉莎」在那週的表現。你也能用那樣的距離端看自己，而這本書會給你找到那段距離的工具。

在這本書中莎魯不會告訴你，你做錯了什麼，只會帶著你去了解你當時為什麼會做出那樣的反應。她說這就像在跳交際舞。你（個案）會覺得自己是領舞者，但實際上她才是能看見你將舞導向何方的那個人。一旦能開始從不同的角度看待那些事件，不僅能真正了解你的行為，也會開始對有那些行為的人產生同理心。事實上，你對朋友、甚至是陌生人，或任何一個人都會如此寬容，但唯獨不會對自己如此。「自我善待法」不是一本在說莎魯如何同理你的書，而是一本教你「允許自己」善待自己的書：**不是聚焦在羞愧、恐懼、罪惡和失望的情緒上，這套改變習慣的方法把重心聚焦在我們很容易忽略的一個力量，那就是同理心**。

我們一起面對那些埋藏在過往的真相時，有時候會讓我在斐茲洛伊廣場（Fitzrovia Square）上眼泛淚光，有時候又會讓我心情歡快、充滿幹勁；但不變的是，這些過程總會讓我更進一步的了解自己，了解自己過去為什麼會用哪種方式喝酒。寫信給自己（書中提倡的方法之一）對我非常有幫助。在我們某次的會面中，莎魯建議我，如果想出門喝酒，但又想確保自己不會喝到天亮，那麼我應該寫一封信，把隔天早上打算為自己做的所有美好事物都列在上面。寫好之後，再把這封信放在包包裡，然後在手機設一個晚上十點的鬧鐘。鬧鐘響起時，我就要離席，並閱讀這封信，提醒自己為什麼該回家了。

為了讓自己有個美好的週六早晨而少喝幾杯，聽起來雖然不是什麼非常艱深的大道理，卻讓我明白，「自我善待法」要告訴我們的，是一種將自己放在人生優先位置的生活方式。實際上，這個觀念對某些人來說，確實頗具啟發性。

你沒有自己「想像」的這麼糟

莎魯的這套見解因囊括了某些元素而非常有效，而且她已與形形色色的人一起見證了這套方法的力量。從「艾美基地」（Amy's Place）基金會的年輕女性、勒戒所的婦女，到擁有胸心壯志的社會菁英，或「人生學校」（The School of Life）組織的有志青年，全都很開心能遇到莎魯，因為莎魯知道所有人都難逃行為問題的困擾；包括她自己。

莎魯坦率分享自己減肥故事的舉動（她會以此貫穿本書的各個章節）會讓你了解，即便是最睿智的靈魂都會有其內心的黑暗面。事實上，這或許也正是他們如此睿智的原因。

莎魯的某句話對我這樣憤世嫉俗的人有很大的影響力。她告訴我，這「跟尋找自我沒有什麼關係」（這句話經常讓我翻白眼），而是跟「認識自我有關」。如果說在那幾杯咖啡的時間裡，我能和魯莎一起從外星人的角度看著瑪莉莎、思考她到底為什麼會做出那樣的行為，並在最後認識了瑪莉莎；那麼我很確定，各位在讀完這本書之後，也會跟我一樣的認識你自己。**莎魯的「自我善待法」幫助我們逐一清除我們對自己的有害和負面評價，讓我們得以用自己的「真面目」對自己自我介紹；**我們會看見自己實際擁有的特質、長處和才能，不再讓自己被掩埋在那些充滿惡意的錯誤觀念之下。莎魯和我一起戰勝了我心中的種種錯誤信念，例如：我很懶（這不是事實，學生時代我曾經一個暑假打三份工）；我有點笨（這不是事實，我擁有二十世紀文學的碩士學位）；我的家族有成癮史，所以我有這樣的飲酒習慣在所難免（嚴格來說，這不是事實）；我整個人一團糟，什麼事都做不好（這不是事實，莎魯點出我還是設法保住工作，撰寫這系列的文章，並每週準時到場與她喝咖啡、敞心扉）。

透過這一杯杯的咖啡、一次次的按圖索驥，在這段有點像在跳交際舞、且大量坦承面對自我的對談中，我開始漸漸明白，心中對自己的那些負面評價根本都不是事實。因此，我不僅沒有理由處罰自己，更終於在我三十一歲的這年認識了瑪莉莎。莎魯領著我走進的那道祕密後門，就像是了解「我是誰」的後台通行證；只要跨入了那扇門，就能一窺自己的真實面貌。

「自我善待法」是專為那些想靜靜為自己人生帶來革命性轉變的人所寫，它會引領你運用誠實和同理心，永續、長久地保有這份轉變。藉由莎魯的技巧以及重新定位看待自己的方式，你也能變成你心目中的那個人。當然你必須明白，這套方法並不會像電視節目「他們眼中的明星」（Stars in Their Eyes）的模仿秀那樣，在一陣煙霧之後，就馬上把你變成了另一個人。但只要照著這套方法做，假以時日你一定會變得更快樂、更健康，並更接近那個真正的你；因為這或許是你長久以來第一次，甚或至是有生以來第一次，開始好好善待自己。莎魯的力量令人著迷，儘管她的這股力量不會給人如洪鐘般的當頭棒喝，但這名亮麗、迷人又年輕的女子，卻能將她的力量輕輕柔柔地滲入我們的心坎中，帶來深遠的影響。

我們的咖啡之約已經是兩年前的事了，現在你在週日的下午還是可以在酒吧裡找到我，但絕對不會在週一的晚上看到我。同時，莎魯改變我人生的那些對話並未隨著我們咖啡之約的結束就此中斷，她就像是一個內心平和的協調者，開啟了我與自我之間的重要對話。

現在我發現自己坐在吧檯前時，會有個小小的聲音建議我在酒裡加點通寧水和冰塊，因為我值得享有一個不被宿醉折磨的週六早晨。過去的我會想「為什麼要這麼麻煩？反正不管怎樣我都會是個又懶又一團混亂的人。」但現在我會想「喝這樣就好了，明天還有重要的事等著我做。」對這個喧囂的世界來說，我腦中的想法只不過是個靜默的轉變，但這卻為我和我的人生帶來了革命性的轉變。

我認為莎魯的著作問世於今絕非偶然，因為「善意」無疑是現在這個世界，極度需要的一項特質。如果我們能先從善待自己做起，我相信大家也一定能善待彼此。現在就趕緊準備一本筆記本和一支筆，開始勾勒出你想要成為的那個人吧！

自由新聞工作者和作家
瑪莉莎・貝特（Marisa Bate）

前言

改變不是懲罰，是了解自己的開端

你有多少次在執行自我改造計畫時，只維持幾週就放棄？經常發現自己不喜歡的習慣又故態復萌嗎？你是否曾問過自己：「為什麼明明知道這對我來說是最好的安排，卻仍無法堅持呢？」無論你想要改掉什麼樣的習慣，或堅守什麼樣的原則；在這本書，我都會告訴你如何完成「它」。

我會帶你走進一套方法，這套方法不但能幫助你付諸行動，還能提升你的自尊感（self-esteem）、自覺力（self-awareness）和抗壓性（resilience）。不論你想要達成的目標是什麼，這本書的工具一定會讓你擁有最大的勝算。

其實，我們已經知道什麼對自己有用，又該怎樣到達自己想去的地方。然而，現在我們欠缺的是一套能幫助你順利將想法付諸實行的簡單方法。「自我善待法」

不是飲食計畫、治療、勒戒所，或「條理生活」這類應用程式的替代品，而是伴你朝目標前進的一部分過程。這本書純粹是要幫助你釐清一件事，那就是：在你執行一個新計畫時，為什麼總是一次又一次的失敗，難以持之以恆；同時，還會告訴你一些小技巧，幫助你創造出一份可持續執行的計畫。就像與我面對面對談般，我會帶著你做一系列淺顯易懂的活動，而這些活動的目的，是要幫助你了解那些阻礙你前行的想法和行為。舉凡寫信給自己、想像練習，以及繪製各種「地圖」活動等，以上全都是為了幫助你意識到，你可能正用怎樣的方式破壞你自身的努力；而以上這些工具，都是我和我的個案親身使用過有效的方法。

這裡的「地圖」，指的是在一張白紙的中央寫上一個主題，再隨個人喜好的方式，在這個主題的周邊寫下關於這個主題的敘述（稍後我會在書中詳細說明，要如何製作這些地圖）。某些在藥物濫用治療中使用到的地圖，其描述的主題非常具體，因此很容易就能對答如流；與此相對，碰到主題比較開放式的地圖，我會提供一些能引導作答的句子，幫助你完成地圖，並請你在敘述的下方評分，方便你比較各敘述的高下。

老實說，我在做這些地圖時，並沒有什麼制式的規範，只需要一隻筆和一張白紙就能完成。而與個案對話時，我通常會從中抓出此次對談中，個案最需要探索的重點，然後在白紙的中央寫下幾個字，為這張「地圖」起個頭。接著，我會把這張紙交給他，請他依自己的喜好用單字或句子，寫下他對這個主題的想法，完成這張地圖。也就是說，在沒有引導他們如何解讀這些地圖的意義前，這些地圖就只是一張根據白紙中央主題，隨意在周邊空白處寫下心中想法的筆記而已。

儘管「自我善待法」能幫助你改掉各種壞習慣，但本書舉的大部分例子都與物質濫用有關（包括酒精和糖）。之所以會如此，不單單是我個人有大量這方面的知識和經驗，還加上，現在到我私人診所尋求幫助的個案，至少有八十％都是想解決這方面的問題。不過，這些人在嘗試駕馭與成癮物質之間的關係時，必然又會面臨一連串衍生的挑戰。因此，我相信，在管理那些「有害度」較低的日常習慣上，那些已經很擅長應對這類「頑強」關係的人，一定能教會我們很多事情。

關於我

我先後學過社會心理學和心理學。我第一份在在健康照護領域工作的經驗，是在倫敦西北部英國國民保健署物質濫用部擔任助理心理師一職。在該單位服務期間，我學到了大量英國現行治療藥物成癮問題的方法。

後來，我繼續到提供物質濫用治療的前線團體服務，並接受了許多這方面的基礎臨床技巧培訓，例如：動機式晤談法（Motivational Interviewing，譯按：由威廉·R.米勒〔William R. Miller〕博士和史蒂芬·羅爾尼克〔Stephan Rollnick〕博士所提出，是一套強調雙方合作、以個案為中心的訪談技巧，有助誘導和強化個案改變的動機）、復發管理（Relapse Management）、集體促進（Group Facilitation）、風險管理（Risk Management）、短期介入法（Brief Intervention）、減害計畫（Harm Reduction）、優勢評估（Strengths-based Assessment）和正念預防復發（Mindfulness-based Relapse Prevention）等。二〇一二年，我開始到諮商機構上班，在那裡學到了英國對物質濫用治療的測試、策略、醫療監督和政策概況。最終，我整合所學的一切，發展出了一套改變習慣的獨創方法，亦即本書的「自我善待法」。

我的專業背景讓我能從第一線觀察各種方法的療效，並從中篩選出最能廣泛應用在各種人身上的選項。不過，要將這些方法問心無愧地大力分享給大家前，還需要經過最後一道關卡，那就是：要對我自己有效。所幸，它們對我確實有效。事實上，我有超過二十年的時間，都一直反覆周旋在暴飲暴食和瘋狂節食之間，極度渴望找到一套方法，讓我持之以恆的堅守健康的飲食計畫；而這本書提供的工具讓我做到了，我因它們瘦了五十公斤，且至今從未復胖。

我並非第一次瘦了這麼多，但這卻是我第一次開始對自己比較有自信，並能從容面對生活中的各個面向。這是因為，這次我在執行新的飲食和運動計畫時，也同時探究和化解了生活中面臨的其他挑戰，像是：關係成癮（co-dependency）、焦慮、低自尊、需要外界不斷的肯定、欠缺個人原則，和負面的自我對話等。我開始明白，為什麼我會養成這些習慣，又，為什麼會這麼難以戒掉它們。

關於你

我不會跟你說，你「應該」有什麼目標，因為你的目標不是我（或任何一個人）該管的事情。我所在乎的，只有這套方法若對你有用，就能幫助你多做一些絕大多數人想要少做一點的事情。

我們一生之中，一定會有這樣的時刻：想要「符合標準」、想要剷除那些不知何時找上門的壞習慣、為自己設立新目標。然而，要一下子就想出能激起鬥志，又能持續執行個五年、毫不懈怠的計畫，根本就是不可能的任務。然而「自我善待法」的優點，便在於每當目標有所變動時，它都能提供大量的個人化資料（本書的地圖和活動），讓你了解自身狀況。在它的輔助下，你可以好好檢視自己人生的各個階段，並在當腦中冒出了「我不喜歡它，我要改變它」的念頭時，做好「改變」的準備；你能自動自發地朝這個目標前進，並知道自己確實有能力達成此目標。

我發現前來諮商的多數個案，大都是因為他們想要找到一個能管理他們壞習慣的方法。這些習慣可能涉及各個面向，例如：酒精、食物、拖延、遊戲、賭博、性、超支、社群媒體或負面自我對話等。有時，他們想改的習慣還不只一個，而是好幾個習慣。他們經常預期我會告訴他們「應該」或「不該」做什麼，還有與我的其他個案相比他們的情況有多「糟糕」。

個案們想要我告訴他們，什麼目標是「對的」以及他們為什麼應該改變。但這不是我的作風，也不是「自我善待法」的作風。我的個人和專業經驗都告訴我，自以為比個案更了解個案本身，一味告訴他們要做什麼，根本沒有用。此外，這還會讓他們產生防衛和不坦白的心態；而這兩件事都會大幅延緩改變的進度。

我不想要你把自己「轉交」給我。我想要給你的是根據自身需求、自行擬定一套專屬計畫的能力。我的工作是引導你，幫助你簡化一些概念互通的動機、分享一些工具，並教你知道自己需要了解哪些東西，才能到達自己想去的地方的方法。

「自我善待法」不會去評判什麼對你最重要，只會幫助你確立目標，讓你穩步朝目標前行。

你該做什麼？

你會從記錄自己的優點開始，想起那些能證明你的幹勁、能力和積極的時刻，並開始檢視那些可能讓你裹足不前的想法和行為。我會邀請你嘗試新的習慣，而你會發現自己變得比較敏銳，能先發制人地察覺到怎樣的條件和處境，可能讓你偏離計畫。你也會發現，與其老是閃躲著那些會讓你「破戒」的處境，將它們視為新的挑戰，正面迎擊它們才是根本之道。而本書的地圖和活動會成為你生活的一部分，時時助你堅定信念、提升自尊感和自覺力；部分則只會在決意執行某些改變的特定時間點，派上用場。

從完成第一項活動的那刻起，你就會開始了解到大量關於個人行為的資訊，而這些資訊都將成為未來幾年你做出選擇的依據。越了解自己，就越能針對自身可能碰到的困境，提前做準備，讓自己有能力、自信面對它們；你會挑戰自己的核心信念，明白自己有幾兩重，並對自己的目標越來越有鬥志。所謂自主規畫計畫的能力，不表示只能憑一己之力地完成計畫，不能尋求其他人或資源的協助，而是表示你能以更周全的角度，去思考什麼樣的人或資源能支持你完成計畫。也就是說，它是一種能讓你針對自身需求做出最好決定的能力。

跟著本書一起完成的這些地圖，都是未來你可以一再回頭檢視的資訊。為了方便這些資訊保存和彙整，買一本甚至數本品質精良的空白筆記本是值得的投資；如果你想要你的地圖以彩色的形式呈現，也可以添購一些五彩繽紛的色筆。你會逐步發展出一套重要的紀錄，記錄下你的成功、你引以為傲的時刻；日後它們都會是幫助你挺過難關，繼續朝目標前進的專屬動力。

另外，就目前在各個領域工作觀察到的情形，我發現那些能堅守計畫，長期面對挑戰的人，有以下共通點：

- 他們很清楚自己為什麼要改變。
- 他們是為了自己改變。
- 他們做好了隨機應變的準備，因此就算偶有某些無法避免的阻礙出現，也能確保自己不偏離正軌。
- 他們發現不斷發掘自身能力、挑戰自己值得擁有的目標，是令人振奮的事。

• 他們不只善待自己，也善待別人。

在本書中，我會告訴各位所需的資訊，而且不會說一大堆讓你摸不著頭緒的艱澀行話。過去，我在閱讀這類自我成長的書籍時，幾乎都不會從整本書的第一頁看到最後一頁，而是直接從我覺得能最快幫助到我的章節，開始閱讀。我想很多人在閱讀這類書籍時，可能都會跟我一樣，所以本書也是以這個原則撰寫。

擺脫負面的自我對話

沒有人「不曾」有過習慣。但當我們不想要這些習慣時，不能只想著如何擺脫它們，而是必須想辦法用其他的習慣取而代之；即便新習慣只是「什麼也不做」，這依舊是一種習慣。

因此在欠缺充分計畫和自我探索的前提下嘗試改變習慣，「即興發揮」似乎就成了達成這個目標的最佳選擇。通常，我們在決定不做「不好」的事，或「令你難受」

的事情時，都只會全然靠著意志力來面對接下來的各種挑戰。這種做法會有個問題，就是會忘了我們的動力是會「波動的」：即便我們的習慣看起來對自己百害而無益，卻還是會忍不住重蹈覆轍。也就是說，在某些時刻許多不同的想法、感覺和處境很可能都會讓我們脫離正軌，尤其是在我們沒有預料到它們的狀況下。

知道我們不應該做某件事，或單純知道某件事會對我們人生造成負面影響，並不足以讓我們長久地改變某個習慣，甚至無法讓我們跨出改變的第一步。會這樣很理所當然，因為**在未做好充分準備的情況下，跳出舒適圈，一旦碰上了不熟悉的處境便很容易打退堂鼓，想要再次依循過去熟悉的模式去緩解眼前的困境，或是延遲面對未知的恐懼**。再者，在面對想要迴避的想法和感覺時，我們經常會因為欠缺多樣化的因應對策，而「習慣性」地又用原本的方式迴避它們。這種迴避的心態，往往就是我們一再縱容壞習慣的主因。

不論想要改掉什麼樣的習慣，我想我們都需要先改掉一項重要的習慣，才能提高自己改掉其他習慣的勝算，那就是：負面的自我對話。此舉不但經常讓我們自毀計畫，還會讓我們做出偏離正軌的行為。無論對誰而言，我們「跳脫」舒適圈時，都需要先有個認知，就是即便這個過程中會有某些時刻讓你覺得這些改變可有可無，但，都請堅信這些轉變對你意義重大。此外還要知道，當我們萌生走回頭路的念頭（甚至是想要拾起另一個新的壞習慣，去釋放壓力、無聊，或迴避某些其他狀態）時，會為自己創造出多麼有說服力且貌似邏輯十足的迷人藉口。

為此，**我們需要明白這份轉變，值得我們堅持下去的原因。這就是為什麼「自我善待法」的核心，都專注在傾聽自己的聲音**。它會幫助你漸漸明白，你要如何和為什麼要堅持這份轉變；它也會告訴你，無論多想要改掉那些壞習慣，難免還是會碰到鬥志全消的時刻；這時，你就能利用它提供的大量個人化資訊，提醒自己具備了哪些能力，以及這份轉變對你的重要性。

壞習慣或許曾幫助過你

絕大多數臨床人員在治療濫用物質的個案時，不論採取什麼樣的方法，都不會把治療的焦點放在「個案濫用的那個實質物質」上。因為他們知道，要讓個案長久改變行為，重點並不在於那些物質。相對的，建立個案正確的觀念，培養他們察覺自我需求的能力，強化他們對自我健康的關心，以及教會他們用思維支配自己的行為，才是讓他們徹底擺脫濫用物質的根本之道；而這些用於物質濫用的治療方式，也能應用在改變日常中的各種壞習慣。

舉例來說，拖延或許是你此刻想要改掉的壞習慣，那麼想要徹底擺脫它，你就必須不斷與自己對話，歸納出中止拖延的計畫，以及改掉拖延對你的重要性。假如你始終沒有好好去思考這些問題，大概就會發現自己老是走上回頭路。

一般人多認為會接受成癮治療的人，是因為他們的情況已經糟到谷底，因此才會想要改變。換句話說，在他們決定做出長久的改變前，一定要覺得自己的生活「非常糟糕」，而且認為他們的習慣會是阻礙自己做出改變和堅守計畫的一大障礙；這確實是某些人的情況。

他們能明確說出那個讓自己決定改頭換面的時機，還能堅定不移的按表操課。他們不會再讓自己走回頭路，因為光是想到那個讓自己重返過去「低潮」的念頭，就足以讓他們繼續按照計畫往前走。不過，我治療過的絕大多數人都不屬於上述這種情況（尤其是那些有許多日常壞習慣的人）；他們可能會因長時間和自己的那些壞習慣共處，而漸漸「正常化」了那些習慣帶給他們的混亂時刻，並自稱「這是他們一輩子擺脫不掉的習慣」。另外，即便那些壞習慣會為他們帶來諸多小小的「低潮」，但想起那些時刻，他們頂多只會想迅速將那些不舒服的畫面從腦中抹去，還不至於「害怕」到會想和那些壞習慣徹底劃清界線。

因此，除了那些曾經歷過決定性「低潮」的人，我發現大部分的人在打算改變習慣時，目光都會放在「不」想要變成怎樣，或是怎樣才能快速得到想要的結果，但這些都無法讓我們持之以恆。基本上，若要持之以恆的改變，應抱持的心態不該是遠離不想要的，而是要想著這個改變會讓我們朝自己想要的前進。改變不是為了提醒自己曾經多糟，而是為了激勵自己，可以讓自己變得更好；改變不是懲罰，而是獎勵、接受、寬恕和理解自己。

不論我們喜歡與否，不可否認的是，**養成的這些習慣在某些時間點，確實能有效且幫助我們遠離某些難受的想法和感覺，否則我們也不會長期抓著它們不放**。整體來說，我們會興起改掉這些習慣的念頭，不外乎就是這些習慣已不能為我們帶來幫助，或是它們不再符合我們生活的需求。又或者，我們只是想要用更好、更有效的策略來面對生活中的不愉快，不想再用一個比較沒那麼難受的事情，去代換另一件更令我們難受的事情；簡而言之，這些習慣本身並不是「不好」，我們也不是。從實務面來看，改變習慣這件事常會讓執行者產生一種懲罰心態，可是若用這種心態執行相關計畫，不但會強化自認無能又罪有應得的想法，更會讓我們在遇到瓶頸時，無法堅定自我意志，持之以恆的遵照計畫穩步前行。

一旦我們將計畫視為一種懲罰，就必須強迫自己去執行它，而此舉會更容易產生抗拒心理。

「自我善待法」不是要告訴你「我很爛、我很弱，我不敢相信自己竟然會變成這副德性，我需要好好修理自己」，而是要告訴你「我還是很好，只是我選擇多了解自己的思想和行為，並為了自己而提升自己」。另外，當你明白過去（或現在）的思考和行為模式對你造成怎樣的影響後，就會明確且深刻地了解到，哪種長期策略才是真正適合你。

久病成良醫

成癮治療界普遍承認「久病成良醫」的說法；這些人比我們更早經歷一切，並順利挺過那些難關。撰寫此書時，雖然有一部分是從臨床治療師的角度敘述，但主要還是以「久病成良醫」的觀點來分享本書的方法。

過去，我曾經覺得自己是個「要不全力以赴，要不擺爛放空」的人，因為我無法堅守一份計畫，或者說，我從來不知道該如何以穩健的步調去做任何事情。因此，我一輩子都在和我的體重奮戰。我試過世界上所有的當紅的飲食法，繳了很多學費給主張各種減肥法的大師、教練和訓練營；只要你說得出來的，我幾乎都做過。為了對抗體重問題，多年來我不斷以反覆地斷食和暴食來折磨自己。我會讓自己與世隔絕，直到我「夠瘦了」才出關與朋友聚會。然後到了星期日的晚上，又會一手拿著披薩，一手填著另一份神奇瘦身營或流質飲食的報名表，並堅信這次的課程會永久地「修復」我的體重。儘管，當時這件事一直沒發生在我身上，但我卻清楚知道一件事，那就是我真的知道怎樣能變瘦。事實上，我還非常了解要怎樣做，才能讓體重快速又大幅下降。

現代人永遠都不缺更有效的飲食計畫，而且我相信每一種飲食計畫，都能對我們發揮一定的功效。對我而言，找到一份可行的飲食計畫從來就不是一件難事。不過，要做到讓減肥的成效長久持續，又對自己的狀態真正感到自在，那就是另一回事了。如今，我已經知道改變自己習慣的方法，也明白為什麼自己那麼常拖了好幾個月、甚至是好幾年才展開行動，以及為什麼我的「復發」都會如此嚴重，因為：

- 我打從心底不相信，自己有能力永久改變我的行為。
- 我沒有坦承告訴自己或他人，我想要改變的某些理由。
- 我將改變視為懲罰我不足和懶惰的手段。
- 我不會預想自己可能會遇到怎樣的困難。
- 我把目光聚焦在「不好」的行為上，而不是「嚮往」的人生方向。

過去很胖的時候，我一點都不想告訴我的醫生，比起得到糖尿病的風險高不高，我更在意穿上比基尼好不好看。我對我的身材一點信心都沒有，但在死命「ㄍㄧㄥ」

在跑步機上運動的那些時刻，腦中想的才不是什麼健檢報告，而是期望能再次穿上牛仔褲的念頭，支撐著我堅持下去。

我們常常會告訴自己「應該」要有怎樣的動機，或「應該」要有怎樣想要改變的理由。總之，就是要不斷提醒自己，我們的習慣哪裡出了差錯。每個人都知道喝酒傷身，也知道過量飲食有害健康；但過去當我聽到好心、博學的專業人士警告我要注意這方面的問題時，我耳中聽到的意思，就只有我的行為出現了某些偏差，以及我這個人出現了某些問題。然後想著，既然都知道這些習慣會影響到人生的這麼多面向，為什麼我還要表現得如此軟弱？為什麼就是不能果敢的做出改變？

現在，我知道原因了，因為從前的我不認為自己值得改變，而且也沒有這套方法幫助我。也就是說，**過去的我不是軟弱，只是沒用對方法，才會讓自己陷入了惡性循環**。不過，如今透過「自我善待法」，我開始懂得用我關心和同理其他人的角度，來善待自己，自然也就找到了打破這個惡性循環的方法，成功將自己拉出了這猶如鬼打牆般的無限輪迴。

第一章

了解「改變」的本質

「啊哈！」時刻

像我這樣一個有強迫人格又固執的人，總會把事情看得很極端；因此之前我就打定主意，如果能創造出一套對我有用的程序，想必它一定也能讓其他人受惠。當然，一直以來，我的行為都照著某種程序在走（事實上，所有人都是如此）。簡單來說，現在所表現出的一舉一動，全都可以視為你經年累月發展出的一套「程序」。假如你想按照自己的意識和意願改變目前依循的程序，「自我善待法」能幫助你做到這一點。

對我而言，在創造一套能幫助我探索特定習慣的程序時，會希望它是一套「可靠個人」完成的過程；也會希望在執行這套計畫時，會有種自己能「掌控全局」的感覺。我非常需要一個可遵循的清晰框架，而且這次它還需要幫助我更了解自己「過生活」的方式，讓我不再把心思糾結在衣服的尺碼上。在此之前，我也曾成功減肥過，但因為當時我的自尊感還是很低，所以從未因此感受到長久的幸福感，也沒有因此提升人生的其他面向。於是，這種挾帶著大量失落感的體悟，就這麼一次又一次的消磨我的意志，將我推入了不斷復胖的惡性循環。

所幸，在經過一連串專業和個人經驗的磨練後，終於在此刻摸索出一套對我有用的「新程序」。這些經驗幫助我了解到自己為什麼會陷入惡性循環，並賦予我創造這套方法的所需見識；相信很多人都能藉由這套方法找到自助的力量。在這裡，想與你們分享一些體悟，而「自我善待法」的重要元素都是從這些體悟中發展而來。以下，是讓我茅塞頓開的「啊哈！時刻」；每一個「啊哈！」時刻都是最珍貴的頓悟（條列順序無特殊意義）：

經驗一：參加「匿名暴食者」（Overeaters Anonymous）的團體治療。

體悟一：人人都能完美辨識自我的特定需求，前提是要有一套清楚的框架引導著。

當時想了解，自己到底能對向我尋求幫助的人提供多大的支持，因此參加了一些互助會。這些互助會是由一群非專業但擁有相同問題的人組成；他們會聚在一起分享各自的經驗，互相幫助彼此堅守計畫。我知道，這種共同面對難關的夥伴關係，確實有助人們長期遵循某項計畫。例如：「匿名酒癮者」這個戒斷團體治療組織，就應證了這種夥伴關係的功效，因此我才想多精進自己在這方面的技能。

我會充滿敬畏的坐在與會的人群中，仔細聆聽那些已經成功戒酒的人分享自己的經驗，了解他們是透過怎樣具體的模式幫助自己康復。在這個背景下，所謂的「康復」就是他們不再去碰那些自己過度濫用的物質。

這些團體採取的策略，與以「十二步驟戒斷法」為主軸的戒斷團體類似；而這套戒斷策略，其實也可以套用在其他會相互影響的行為上。例如，有些個案會在戒酒多年後，為了解決他們在性事或關係成癮方面的問題，又去參加相關的戒斷團體，且這些團體所採取的治療框架和程序，就跟先前成功幫助他們戒酒的模式相同。

在參加這些團體精進自己臨床技能期間，我發現了另一個叫做「匿名暴食者」的戒斷組織，這個組織也是以「十二步驟戒斷法」為主軸。看到這個戒斷組織的主題，自然是引起我相當大的興趣。身為一個長年暴飲暴食、自我負面對話，又深受社交孤立（social isolation）所苦的人，我發覺自己當下也正處在人生前所未見的低潮中，所以，我決定去「匿名暴食者」看看。

出乎我意料的是，我是該團體中最胖的那個人；顯然，這並不是個單純以減肥為目標的團體。我發現，團體中的有些人根本從來沒有肥胖過，可是他們對食物的依賴性，卻讓他們的生活變得一團糟。此外，就和「匿名酒癮者」的情況一樣，此團體中也有許多成員在採取某種具體的程序後，成功「康復」。不過，這個團體和其他戒斷組織有一個非常不一樣的地方，那就是：你無法戒斷食物，你必須進食。也就是說，這個團體的人有別於以往的成癮者，他們所面對的挑戰不僅是戒斷物質這麼簡單，而是要讓自己在不濫用的情況下，天天去應對和攝取那些他們曾經濫用的物質；這也意味著，「匿名暴食者」中的每一位成員，都已經對自己的成癮狀況有著某種令人驚嘆的自覺力。

「匿名暴食者」的成員都已經知道哪一類型的食物，會讓他們再度墜入各自的「復發」漩渦。即便這個組織的成員在擺脫食物成癮的習慣時，全都遵循著同一套的傳統戒斷框架，但他們每個人對「康復」的定義卻大不相同。**與先前參加的減肥團體不同，在這裡，沒有人在討論碳水化合物和熱量，情緒、自尊感和抗壓性才是**

他們討論的重點。他們分享著自己對食物依賴成癮的那些時光；而這些故事在我心中造成的震撼，就跟那些酒精成癮者的故事不相上下。

從這些康復者的分享中，我還發現「匿名暴食者」的成員有一個共通點，就是：他們雖然不想或無法，徹底戒斷其所濫用的物質，但他們顯然都為自己設下一道道明確的「底線」。這些底線就是他們認定在戒斷過程或餘生中，會有損康復成果的行為舉止。簡單來說，就是只要他們做了超出這些底線的任何行為，就會讓自己落入破戒或復發的狀態。當然，就如同觸發每個人暴食的條件不同，每個人為自己設下的底線也不一樣。

那次的「匿名暴食者」聚會，令我獲益良多，也終於讓我擬定出一套對我有效的減肥計畫。這套計畫和過去那些失敗減肥計畫最大的不同之處，在於替自己設下了不可討價還價的「底線」；例如：在改變飲食行為的初始階段，我就把「康復」目標定義在「能徹底戒除某個我不曾適量攝取的特定食物」。（這當中有些食物其實非常有益健康，但基於某些原因，它們似乎總會開啟我的暴食模式。）

經驗二：參與經由法院裁定，需要接受物質濫用治療的個案戒斷療程。

體悟二：不是把治療重點放在原本要戒斷的物質上，而是著重在個案整體的幸福感；如此，反而能自然而然地改掉其壞習慣。

在藥物治療這份工作中，我會為一些被法律強制規範，必須接受「藥物康復治療」（Drug Rehabilitation Requirements，DRRs）的個案進行戒斷療程。被判處強制接受這類治療的人，一般都屬於「問題吸毒者」（problem drug user），他們會為了金援自身的毒癮，去從事一些犯罪活動。依據法院裁定他們必須接受的「藥物康復治療」等級，他們將以一週一至三次的頻率找我報到；療程中除了需要積極解決他們藥物濫用的問題外，還必須接受藥物檢測。將他們的狀況回報給緩刑督察單位是我的職責，一旦他們的康復計畫不如預期，就會因違反法院的命令，必須重回法院接受審判；重回法院接受審判，也意味著他們很可能逃不過入監服刑的命運。

換句話說，在我這裡輔導的吸毒者，並不是覺得自己遭逢人生「低潮」、走投無路，才尋求協助；而是為了不吃牢飯，才不得不接受治療。話雖如此，但這些個案大部分還是能順利完成法院要求的療程，並有效解決其濫用藥物的問題。事實上，很多時候這些個案並非有心想要吸毒，純粹是他們從小就生長在一個以濫用藥物為常態的環境中，又不知道如何向外尋求幫助，或是根本不知道自己還能用什麼其他的方式過生活。

印象最深刻的，是有一位非常配合的個案，教會了我很多事。他的法院判決書表示他曾多次行竊、被捕，因為他是個只能靠偷竊來謀取現金、一解毒癮的吸毒者。為了解決他毒癮的問題，他同意接受治療；而根據他的情況，法院裁定他必須接受為期六個月的療程，每週定期找我進行治療。基本上，我的工作就是要讓他有動力參加所有的療程（他一直表現得非常積極），並幫助他通過藥物檢測的關卡（他一直都有通過）。事實上從第一個療程開始，他的藥物檢測結果就呈陰性，且至此之後的每一週，他也都保持這樣的狀態。

為了提升他改變用藥行為的自信，我帶著他做了許多探索自我的地圖和確立自我動機的測驗，但我注意到，他打從一開始就對自己充滿自信。隨著療程的推進，他擁有各種實務、社交和財務資源的跡證也益發清晰。他還有三支手機，且總會在會談的過程中響個不停。多數時，他都會請我讓他簡短地接個電話，然後請電話另一頭的人在我們會談結束後再來電。

擔心自己會對這位個案做出有失公正的假設，所以剛開始幾個月我都一直將他視為一名毒癮強烈、且經常吸毒的戒毒者在治療。不過由於療程中他實在是表露了太多有違一般吸毒者的特質，因此，後來我會與其他輔導經驗豐富的同事討論這位個案的情況，想要聽聽他們對他的看法。他們心中和我存有一樣的疑慮，即：這名因持毒品被捕的男子，或許並非是個吸毒者，而是個藥頭。我們自然也有與其他照護這名個案的單位討論過他的狀況，但又找不到具體的證據證明我們的懷疑。況且坦白說，沒有一個充滿善意又堅守崗位的醫師、健康照護員或社工，願意說出「這個個案太配合了，肯定有鬼」這種話，所以我還是持續每週和他面談。

我認為我和法院、緩刑督察單位和其他藥物濫用部門都有相同的理念，就是希望這名個案能透過這段療程，得到理想的治療成效。我們都想要他成為一位對社會有貢獻的人，成為一個不會做出違法行為、讓他自己或其他人處於危險之中的好公民。於是一個想法在我的腦中成形。不論他是藥頭或吸毒者，抑或是兩者包辦都無所謂，只要能想辦法降低他日後從事違法行為的機會，讓他以後不必再因犯行長期和輔導人員打交道，不就好了嗎？如果我能讓他感受到他有能力開創另一種人生，一種比他現在更好的人生，不就有機會讓他脫離目前的生活模式嗎？

不斷往返刑事司法單位，又要不斷接聽電話到各地奔走，絕對不會是一種令人享受的生活型態。我無法想像他怎麼會覺得自己能一輩子維持這樣的生活型態。因此，我轉移會談的重心，開始和他談論他想過怎樣的生活。我們討論到他尊敬的人有什麼樣的特質，以及他年少時想要成為怎樣的一個人；也聊到他在成長過程中漸漸遺忘的嗜好，以及他覺得自己在五年和十年內會過怎樣的生活。我們一起熱烈地探索著他的未來，一步步勾勒出「與毒品斷絕關係後」有機會擁有怎樣的人生。

出乎意料地，事情很快出現了變化。他先是對會談中討論的人生計畫非常感興趣，也具體描繪出他對個人事業的野心。接著，他開始重拾過去玩橄欖球的嗜好，並報名了一個實習課程，學習修理腳踏車的專業技能（會談過程中，我發現他青少年時期很嚮往這樣的工作）。之後，他成功謀得了一份朝九晚五的工作，而白天忙碌的工作內容也讓他晚上無心再去做其他外務。最後到療程的尾聲，他甚至開始利用會談的時間，與我分享他打算為自己創立一個公司的計畫（這全都證明他擁有豐富的人際、金流和債務管理手腕）。

結束了為期半年的強制療程後，他的身上只有一支電話，而且也不再老是響個不停；他對他的人生充滿幹勁。我覺得不論他過去是以什麼樣的角色從事毒品活動，在療程結束的當下，他應該都已經徹底脫離了毒品圈（雖然事實的真相我大概永遠都不得而知）。這樣的結果也意味著，法院和很多其他單位都會為此感到開心。當然，站在一個專業輔導者的角度來看，這樣的結果也令我備感欣慰。

這個經驗讓我學到，**想要真正改掉壞習慣，我們需要「放大眼界」，把目光聚焦在想要過怎樣的人生**。因為實際上，小小的成就能激起我們的信心，並對自己擁有的能力感到驚喜。當我們可以用一個比較宏觀的角度來積極看待自己想成為什麼樣的人，自然就會將那些能幫助我們朝理想人生邁進的習慣納入日常，並漸漸淘汰掉那些對人生沒有任何幫助的不良習慣。藉由這樣的方式，可以避免戒斷期所帶來的可怕「空虛感」，因為早在徹底戒斷這些習慣之前，就已經用無數更好的事物取代了它們在你心中的分量。

經驗三：了解暗網（dark net）上的毒品市場。

體悟三：我們都需要有個能坦然探討自己，不太光榮的思想或行為的空間，且不必擔心這些事情會受到其他人評判。

二〇一四年，我才剛開始將成癮的概念應用在我的減肥計畫上。由於整體進展緩慢，所以我強烈地意識到，要達到心目中的目標肯定還有很長一段路要走。某天晚上，我感受到自己來到了一個很可能會不顧一切、破戒暴食的減肥階段，所以便決定出門學點新事物、分散自己的注意力，好幫助自己度過這個難關。

我參加了一場在倫敦大學金匠學院舉辦，由傑米・巴特利特（Jamie Bartlett）主講的講座，他的著作《黑暗網路》（*Dark Net*）就是該場講座要討論的主軸；老實說，我完全不知道自己會在這場講座中聽到什麼。講座中，他介紹了一個叫做「絲路」（The Silk Road）的購物網站，在這個網站上，人人都可以用匿名的方式購買和討論毒品。看到這個網站的版面，竟然跟我熟悉的其他購物網站如此相似（例如：亞馬遜），著實令我大感震驚。賣家和他們的毒品都會被買家給與評價，且網站上還設有論壇，可供大家公開分享一般會備受爭議的吸毒經驗談。身為一名處理物質濫用問題的前線人員，我早就懷疑，政府當局目前對物質濫用治療設立的標準處置流程，根本不鼓勵這些尋求協助的成癮者，以徹底坦然的態度說出自己購買和使用毒品的方式，而這場講座加深了我對這方面的疑慮。

在英國，如果覺得自己有酒癮或其他藥癮，可以求助當地的物質濫用治療中心。當然每一個服務處的協助流程都不太一樣，且近年來各家機構都有不斷針對這個部分做出一些改善，但基本上，整個流程多半會以下列的方式進行：

一、你會走進服務處，向裡頭的某個人尋求幫助。

二、他們會請你稍坐片刻，等待評估員；而此時通常會發現四周貼著不少海報，說明著過量用藥的危險性。

三、如果當天能做評估，評估員就會將你帶到一個獨立的房間，向你說明在正式提供協助前，他們必須先問的一系列問題、完成一些表單。

四、另外還必須簽一份同意書，表明如果你分享了任何他們認為有害你本身或其他人的信息，他們可以直接將這些資訊轉呈給社福單位、英國駕駛執照與車輛牌照辦事處、警方或其他相關單位。

五、評估開始。通常他們會從地址問起，然後問一些能了解背景資料的基本問題，像是有幾個孩子、從事什麼工作、有沒有心理或生理疾病，以及過去或最近有沒有涉入什麼刑事案件等。

六、然後他們會請你誠實以告，你正在從事且備受爭議（通常是非法）的行為。

我一直認為這些求助者提供給各服務處的資訊，說好聽是為了通過審查而經過修飾，說難聽就是完全胡謅一通。至少就我個人而言，我一點都不想告訴一個陌生人，如果我有孩子，我會在喝了多少酒的情況下，開著車載他們去上學；更不用說買毒如此敏感的問題，因為我肯定會擔心自己被呈報給相關單位。許多臨床輔導員告訴我，隨著療程越來越深入（如果個案一直都有回診的話），他們經常會發現，那個求助者在一開始所提供的評估資訊不全然是，甚或是幾乎不是真的。

再者，傳統的物質濫用評估，是一種非常缺陷取向（deficit-based）的評估方式：只會把焦點放在「需要解決」的問題上。這種評估方式的目的，就是要幫助評估者穩當地評估和管理求助者的風險，並讓他們能將重要的資訊呈交給其他可能與求助者療程相關的單位。不過若從接受評估者的角度來看，這套評估過程卻是用約四十五到六十分鐘的時間，「清算」他們做過的每件「錯事」。我常會說，如果有人在接受評估前說自己不想碰毒品，那麼評估結束後他們一定會想碰毒品。

話說回來，這又跟暗網有什麼關係呢？誠如剛剛所說，假如這套評估過程無法鼓勵求助者坦誠以告，治療的成效就有可能因此大打折扣。然而，在得知暗網的運作方式後，我對這類能讓大家得以匿名、自由討論吸毒行為的暗網大感興趣，因為我發現或許有機會透過這類暗網來了解求助者實際面對的處境。

參加完那場講座後，我立刻就到暗網閱讀那些使用者在論壇上分享的吸毒經驗談，並很快了解到一個事實，那就是在進行物質濫用評估期間，求助者告訴我的那些「官方」說詞，多半和他們實際面對的世界相差甚遠。在某些論壇上，大家會分享成功吸毒的經驗，並大喇喇地傳授密技，支持彼此的吸毒行為。匿名的發言方式能讓吸毒者對他們的用藥方式直言不諱，不會因為在意別人的眼光而過度修飾。

探索這些和類似的論壇，不僅能讓我在實務面上更熟悉個案的狀況，同時給予他們更有效的治療，也讓我注意到一個重大的需求，即：**每一個人都需要一個空間，讓他們在不必擔心受到朋友、家人、同儕、相關單位或社會的評斷或處罰下，探索和誠實面對他們那些不光彩的想法和作為，以及從事那些行為的原因。**我希望這本書就能提供各位一個這樣的空間。

經驗四：以「動機式概念」培訓專業戒斷人員。

體悟四：幫助成癮者遠離高成癮性藥物的工具，也能幫助一般大眾管理其日常習慣。

在物質濫用部服務時，我接受許多健康和社會照護的基礎臨床技巧培訓，以幫助那些抗拒改變的個案。雷．詹金斯（Ray Jenkins）是培訓我的其中一員，是位非常優秀的培訓師。他在這個領域服務了三十幾年，經驗豐富且非常熱衷於工作。我發現他總能用簡單明瞭的語句，清楚說明各種治療工具的使用方式；他知道所有實證方法中有哪些在臨床上真的行得通，也不怕告訴你哪些方法一點用也沒有。

過去，我受到的教育一直鼓勵我用地圖式的治療工具與個案互動，但雷的訓練讓我知道不該只是制式的使用它們，而是該掌握它們的精髓，用合適的方法引導個案用這些地圖自我探索。

後來雷聘請我和他一起擔任培訓師，最終還讓我擔任了諮詢師一職。我很高興在鼓勵我成為他的工作夥伴時，也運用到了他在物質濫用培訓課程中告訴我們的同一套方法：強調我的優點和價值，幫助我建立面對新工作的自信心和抗壓性。於是，我開始把自己需要提升的能力視為新的挑戰，而非驚天動地的危機。

和雷一起工作後，我也開始培訓臨床醫療人員，告訴他們該如何讓成癮者獲得幫助、順利畢業、重返社區。三年間，我走遍了英國各地，教導前線人員該怎樣用最有效的方法使用地圖式工具。剛開始，我都是照著雷的方式培訓這些專業人員，但隨著經驗的累積，後來也慢慢發展出一套自己的培訓風格。

起初，我建立了一套自己的培訓教材，這樣我的學員就可以先利用這些地圖和活動範本應用在某些個案身上。但後來我發現，有越來越多學員陸續向我索取額外的地圖範本，**我才意識到，這些學員是直接先把這些地圖運用在自己身上，因為想藉此改掉：抽菸、飲食、拖延、對伴侶發脾氣等，任何他們不想要的行為！**

因此，我很快就開始在課程中，主動要求學員把這些地圖用在自己身上；此舉不僅能讓他們明白這套方法的私密性（因為他們能獨力完成，又不必將地圖給任何人看），還能讓他們在課程中得到更多訓練、更清楚這套方法的應用。

另外，他們在實作過後會明確告訴我哪些方法有用、哪些沒用，而這些反饋也有助我調整這套方法的執行方式。再者，經過這番親身體驗後，現在他們在面對各自的個案時，也能更有信心的向他們推廣這套方法；告訴他們，只要掌握了運用這套方法的重點，就能馬上藉由這些地圖，持續掌握自身改變習慣的狀況，不必等到每週會談才能知道自己的狀況。

經驗五：看諮商師。

體悟五：不論善待自己是否能讓你一舉達成目標，但它一定能加快你達標的速度。

幾年前，在結束一段戀情後，發現自己難以振作起來，所以開始去看諮商師。在那段為期三年半的關係中，我不但胖了六公斤，還自尊感大減。坦白說，當時的情傷真的讓我整個人低落到不行，根本沒有其他力氣再為自己創造另一個「戲劇性的轉變」。於是，我決定去諮商，並重拾過去執行的極端飲食和運動計畫，心想這樣我就能再次擁有「值得」出現在大家面前的外貌，並重新與這個世界建立連結。

事實上，也是想藉著看諮商師的這個機會，好好系統性地處理我的關係成癮、自尊感低落和自暴自棄的問題，因為它們全都是讓我與食物產生不健康關係的因素。畢竟，我是從事心理學方面的工作，因此我的理智告訴我，這次諮詢應該是為了這個目的。但現實是，我心中有很大一部分是把這個諮詢當成是一個「解決方案」，而這個方案有沒有效，我只會用日後減掉多少體重來衡量。

有一天，我整個人宛如好幾週沒照鏡子般，癱坐在諮詢椅上，花了半小時的時間，詳述自己打算在未來一年內過得多有活力和快樂，屆時我將會擁有引以為傲的外貌、重新振作，並成為一個「苗條又快樂」的女人。聽完我的敘述，諮商師問了一個非常簡單卻大大震撼我的問題；這個問題我這輩子從來沒想過，她說：「如果妳永遠都無法成為一個苗條的人呢？如果妳的餘生都只能維持這樣的身材，會發生什麼事嗎？」頓時心中升起一股怒火；過去，我從未對試圖幫助我的人感到如此憤怒。「她怎麼敢說這種話？」我心想；她怎麼能覺得我一輩子都以這個樣子生活也無所謂？我花錢找她諮詢，是為了讓自己變得開心一點，但她卻建議我，就算沒有達成這個我知道能解決我人生所有問題的目標，也可以活得開心自在！

有好幾天的時間，我腦中的思緒都一直因諮詢師的那番話而翻騰，甚至氣憤到要傳訊息告訴她，我不要再找她諮詢了（那些躺在草稿匣中的訊息，充滿了「不是我的錯，都是『妳』的錯」的語調）。然後，等到那股怒火漸漸消退後，我才讓自己好好去思考她給我的建議。

在那個我永遠都不會變瘦的世界裡，我還會想繼續這樣殘忍的對待自己，並活在一個「停滯不前」的人生中嗎？我環顧四周，看著身邊其他過重的人，突然明白了一件事，那就是：我絕對不會用我對自己說話的方式跟他們說話。因為我不覺得他們不配善待自己，不覺得他們應該孤立自己、停止社交，也不覺得他們看起來不迷人，或是用他們的體型來評斷他們的價值。

在此之前，我因為我的體重，覺得自己不配擁有任何歡樂，甚至不允許自己聽快樂的音樂。這種「不值得」的感覺是我的防護罩，因為這樣我就不必外出，不必面對排斥和批評。當然，**我整個人之所以會停滯不前，其實根本與我的外貌無關，而是因為「自我設限」：我認為自己在還沒變瘦前，都不能享受人生**。透過這番思考，我發現只要處在過重的狀態，就會強烈認為自己「不值得」快樂，甚至不配擁有那些日常中最微小的小確幸。

有了這層認知後，我決定做一個實驗：假裝自己已經減到理想體重，並用那個狀態的我，去應對生活中的任何事物。這意味著，我會比較善待自己，因為我一直假設，我要瘦了，才能達到那個「值得」享受人生的門檻。我會吃著跟「未來那個苗條的我」一樣的飲食，來保持她的新生活型態；我會跟「苗條的我」一樣，對自己的外貌引以為傲；並用這個更有自信、更完美的未來自我，與這個世界互動。我會捍衛自己的時間，注意我有沒有忽略了自己哪些需求。我會把握機會去認識新朋友和約會。縱使這一切有點裝模作樣的感覺，但我還是想積極挑戰過去為自己設下的那道假設，即：只有在變瘦的時候，才能做的這些事。

神奇的是，當開始用這樣的思維去做每一件事時，我真的開始變瘦了，而且還瘦得比以前更快、更輕鬆。

在理解到體重機上逐漸下降的數字，並不是衡量是否值得善待自己的唯一準則後，「善待自己」的這個舉動，也連帶讓人生中的許多面向大幅提升，而變瘦只不過是我實際過上「理想人生」後，衍生的一項附加好處。

經驗六：輔導瑪莉莎．貝特。

體悟六：有很多想解決他們與酒精之間的關係，但又不想完全戒酒的人，不知道該去哪裡尋求支持。

二〇一六年的夏天，瑪莉莎．貝特聯絡了我。她是線上雜誌《泳池》的資深編輯，該雜誌以女性為目標讀者。她表示，聽聞我在倫敦有開設一些改變習慣的研討會，所以想請我幫助她釐清，她和酒精之間的關係；因為她雖然擔心與酒精之間的關係，卻又沒有徹底戒酒的打算。

瑪莉莎告訴我，她有試著參加一些互助團體，但它們並不符合她的需求。舉例來說，這類團體常常是以「戒酒」為目標；再者，由於其他成員與酒精的關係都比她還要惡劣許多，所以他們的狀況也都比她嚴重許多。她告訴我的這些，也是我經常聽到，那些去參加過互助團體或嘗試接受治療的人面臨的窘境（那些治療多半都是專為生活變得很「失控的人」所設計）。什麼樣的窘境呢？就是在這類團體中，他們經常會「正常化」自己的行為，因為相對團體中的其他成員，他們會覺得自己的問題「沒有那麼嚴重」。

因此，雖然他們在宿醉或經歷一個特別不好的飲酒經驗時，經常會決定採取某些行動，徹底「斷絕」其飲酒問題；但之後都會發現事過境遷，他們的身體（或自尊心）恢復後，又會出現這種念頭：「情況其實也沒那麼糟糕。我又沒有一大早就在喝酒，或是找不到回家的路。我太大驚小怪了。」

我和瑪莉莎相約在咖啡店見面，以每次一小時的輕鬆對談，探索她的顧慮。然後，她會把我們一起對話時得到的體會，寫成一系列文章。我們沒有針對非常個人化的問題進行討論，而是以大眾化的角度探討酒精這個議題。例如，談論為什麼有些人總是會在酒吧喝到關門，以及為什麼經常會覺得喝酒能給我們信心。後者是個有趣的主題；年少時常說自己必須「喝酒壯膽」、增加自信心，但隨著年歲的增長，儘管早已透過各種方式讓自己變得更有自信，但喝下肚的酒量卻沒有減少。透過這些對話，瑪莉莎不但能釐清自己的飲酒模式，還能了解她難以改變飲酒習慣的癥結點。針對她的狀況我們一起擬定了一些實際計畫，並每週討論她過去一週實行的成效。她會告訴我哪些有用、哪些沒用，我們再根據這些經驗，調整計畫，直到她發現自己能開心、長期堅守那份計畫為止。

瑪莉莎在《泳池》的文章，極其真誠地描述了我們討論的主題，並引起兩性讀者很大的共鳴。在她發表這系列專欄的最後一篇文章後，我在接下來幾週內收到了很多想要一對一面談的請求，為此我還建立了一份私人輔導的清單。

看到這麼多人都跟瑪莉莎有相同的困擾，讓我興起了一個念頭，就是想將那些對她帶來最多幫助的方法，分享給更多人知道，讓其他人也可以從中受惠；尤其是那些對自己習慣感到有點困擾，但又沒嚴重到需要和專業人員一對一輔導的民眾。

「自我善待法」誕生

正是因為這些「啊哈！」時刻的澆灌，才讓我孕育出這本書；它是一套私密、不用受人評斷的引導過程，能幫助大家依據書中的步驟了解自己，並針對個人目標，打造出專屬的有效計畫。

話雖如此，我知道你一定想：「如果在改變自己之前，還必須花這麼長的時間讀完這些章節，那不就要耽誤很長的時間才能做出實際的改變？」或許此刻令你煩惱的是與食物、酒精或其他各類「消耗品」之間的關係，而且你正打算在和它們說再見之前，最後一次放縱地盡情享受它們。**假如你確實有這樣的念頭，我會告訴你，至少現階段你注意到了自己的這種想法，這樣，就已經是改變的第一步了**。我不會說這本書扮演著專業治療師的角色，因為它的角色比較像阻止你去做壞習慣的「拖延專家」或「找藉口專家」。

成癮背後的故事

本節會開始介紹一些想法給你，這些都是我幫助自己或個案時，證實能有效幫助我們改掉壞習慣的思維。你可以把它們當作是一種「經驗傳承」；當中結合了我這些年的個人體悟，以及一些成癮治療的原理。

如果你跟我一樣，我想，一定也準備好去繪製那些專屬你的地圖。事實上，如果你跟我一樣，大概也會想要直接跳過本節的內容。但是，這一節的內容對於實際操作而言非常重要，因為它囊括了如何充分利用本書地圖和其他活動的重要資訊。

我們不軟弱，也不需要被修理

我們都知道如何才能變瘦、變得更健康的方法；也都知道如何才能停止不斷被卡債追著跑的命運，甚至也都知道要如何才能停止抽菸（答案就是字面上的意思「停止抽菸」）。因此當我們無法成功做到這些事時，就會覺得自己軟弱又無能。儘管實際上，大部分人在日常生活中完成的很多事，都可以徹底推翻他們對自己設下的這番錯誤假設。

時下一些神奇的治療方法和計畫，經常都會提供我們一些速成方法，讓我們能快速到達想去的地方，但它們卻不一定能讓我們「常駐」在那個地方。

如果想要長久的改變生活，就需要採取更深層的方法。再者，不可否認的是，在這個訴諸利益導向的世界，很多講求「速效」的神奇方法，都是以一種表面的方式「修復」我們的缺陷，並希望我們在最脆弱的時刻，不斷回頭尋求它們的幫助；而這些最脆弱的時刻，就是我們再度遭遇挫折，覺得自己軟弱無能，和需要「修理」的時刻。

另一方面，我認為這種覺得需要「修理」的想法，還會衍生出一個問題，那就是它假定我們有一天一定會被「修復」。不過我們都清楚，我們絕對不會達到這個境界，否則就會因為成功達成這些目標而自信滿滿。相反的，我們多半會很快就將這些成就視為一種常態，又開始擔心其他的事情。換句話說，我們永遠都不可能達成所謂「修復」的狀態。

過來人的經驗告訴我，當我們做出重大改變、想跳脫自己感到厭煩或軟弱的處境時，就已經展開行動了；問題在於，我們不見得能「持之以恆」。

想要持之以恆，就需要更了解自己做出這番改變的原因。這就是為什麼，在「自我善待法」中首重的是找回自信、能力和對自己的了解，而不是急著去定義具體的改變計畫。

挺身對抗內心惡霸

許多人一直以某些無法持之以恆的對策，長期應付心中那些負面思想和感受，想要藉此降低它們對自己的不良影響。

例如，有些人會試圖利用一些高成癮性的藥物閃避那些他們不想面對的時刻，因為至少就短期來看，它們的確是非常有效的擋箭牌。食物、購物、電玩、賭博和性等不勝枚舉的舉動，也是許多人面對這類時刻採取的對策。然而，這些「對策」基本上只是掩蓋了內在感覺，並沒有根治它們；同時對這些對策養成的依賴，有時還會對帶來明顯的傷害。

如果在面對負面思想和感受時，都一味地用其他事物「快速地」去遮掩它們，就沒有時間和空間好好仔細地檢視和探討，自己為什麼會產生這類不自在感受的根本原因。

依我多年的輔導經驗發現，很多人要閃避的其實就是自己內心那個說話苛刻的惡霸。很多時候，在運用傳統的冥想練習尋求內心平靜時，就會觀察到這個我稱之為「自我對話」的內心思考模式。當我們把目光集中在思考模式上，仔細凝聽這些內心話對自己的評價（比方說，我是一個怎樣的人、擁有什麼能力，又是怎樣看待自己和特定習慣之間的關係），就會看透一些真相，明白自己為什麼無法做出改變；而讓你擁有足以面對任何話語的強大內心，就是「自我善待法」的宗旨。

隨著自我對話的內容變得越來越友善、越來越中立，就能越來越輕鬆地去傾聽它們。於是，我們內心也就會越來越少出現那種以「拉鋸戰」進行的自我對話模式。一旦不必再耗費大量的精力去死命擺脫那些負面想法時，就有更多心力去聆聽自身「真實」的感受。如此一來，我們的決定就不會再受食物、性或其他生活目標左右，而會從我們的核心價值，以及友善自己的角度去考量。

換言之，我們再也不會聽命於內心的惡霸，因為我們會知道它們都是以錯誤的假設來評斷我們的能力和價值。

不管你正處在人生的哪個階段，都希望「自我善待法」中的活動，能幫助各位重建對自我的了解，引導你做出適合自己的決定。無論想要改變的習慣是什麼，只要按照「自我善待法」去執行，就能幫助你創造出一套最符合自我需求、最「無痛」的改造計畫。

找出「想放棄」的原因，而不是急著擺脫

我觀察到，個案會脫離他們計畫的正軌，讓自己「破戒」或「故態復萌」，多半與他們解讀事情的角度有關。

他們會把自己為了降低內心惡霸聲量所採取的行動，視為一種剝奪自我需求的懲罰。以我個人為例，以前在減肥時，就經常會因為內心的這個想法而破戒：「我

幹嘛這樣虐待自己，剝奪自己享受美食的權利？」在改變習慣的過程中，要讓自己堅守計畫，你的內心永遠都要記住一個信念，即：**你值得享有更好的人生，也有能力去抗衡內心的惡霸；即便短期內它會叫囂的更激烈，搞得你渾身不自在，你也有辦法不屈服於它**。

為了走到那個想要達成的遠程目標，當那些看衰自己的想法和衝動浮現於腦中時，你需要做的，應該是叫自己用一顆充滿好奇的心，去探究出現這些念頭的原因，而不是急著把它們逐出腦海。

親眼見證互助團體帶來的力量

互助團體治療能發揮這麼大的療效，原因很多；但其中最重要的原因，就是能親眼見證其他人的成果。也就是說，**能看到和聽到其他人承認他們與我們有相同的自我對話、相同的自我懷疑、受相同的習慣所苦，會對我們產生深遠的影響**。看到其他和你有相似處境的人，在經過一番奮鬥後，成功達成目標，是最能激勵自己繼續堅持的動力。此外，治療過程中成員互相分享各自脆弱和經驗的舉動，也能讓彼此獲得一股力量和連結。

在我的理想世界中，我認為每一個人都應該定期參加情緒性支持的互助團體（emotional support group），與他人建立連結，而不該將這類團體視為面對可怕、嚴重問題時，不得不採取的最後「治療」手段。為什麼呢？此舉能讓我們脫離「自尊感低落」的桎梏，並興奮地告訴大家，對自己能花時間更了解和更善待自己這件事有多麼驕傲，就像我們會沾沾自喜地分享自己去過健身房一樣。不過，我知道基於許多原因，大家不見得都能如此大方地與人分享自己的內心話，尤其是那些他們覺得稱不上驕傲的思想和行為。因此，我想了一套替代方案。

在「自我善待法」中，我不會勉強你將自己脆弱的一面攤在別人面前，但會請你利用書中的地圖和活動，盡可能坦承地面對自己的脆弱、傾吐內心的嘮叨；讓你在白紙黑字之間，清楚看見自己的真實樣貌，認清自己面臨的挑戰。這套方法的隱私性，也意味著可以完全不必擔心他人的評斷，百分之百坦承自己的狀況。

幾年前一位朋友打給我，要問我一些意見。她說，她有了一位新對象，但閒談中得知他有戒酒的經驗，而且對方告訴她，一直都有在參加日常互助團體，以維持他多年的戒酒成果。她想問的是，是否該應對方的這番坦白有所顧慮。她的這個問題讓我意識到，我已經從事戒斷工作太久了，久到都忘了有多少人不知道我和我同事都習以為常的一個真相，那就是：那些能長期戒斷成癮物質的個案，他們做到的不只是「還不錯」，甚至不只是「做得好」，而是做到了「比好還更好」的境界。

我知道我的朋友找到了一位自覺力高、對感情負責，又被強大支持網絡包圍的對象；他很可能已經找到了一種生活方式，可以給他更穩固的支持和目標。另外，相較於那些還沒因習慣讓生活失控的普通人，他大概已經知道了更多關於這方面的應對技巧。

那些能成功戒斷成癮物質的人，改掉的不單單是一個習慣，而是過去他們所熟悉的幾乎每一個習慣，包括對自己說話的方式。同時，他們也已經做到了這本書要幫助你的：找到了一套適合他們、能依循一生的處事方法。

成癮，是所有人的共同課題

那些能有效幫助成癮者戒斷成癮物質的方法，之所以也能套用在一般大眾身上，是有原因的。因為基本上，幫助成癮者戒斷的方法，就是一套養成良好個人生活習慣的工具。

過去，在吸毒者和專業治療師之間的「受治者和治療者」對立關係，已不復見。如今，在實務經驗中發展出的物質濫用治療工具和文獻，都是以培養成癮者的自覺力、抗壓性和情商為目標，鼓勵他們以負責、自主的方式主導自己改變的過程。

許多輔助戒斷的專業人員，在自己沒有成癮經驗（或沒有公開這方面經驗）的情況下，都會被問到一個相同的問題：「如果你沒有體會過成癮的感覺，怎麼有辦法幫助我？」而這個問題，也是我培訓專業人員時，經常被問到的問題。我認為這道題目不難回答，因為撇除治療師的身分，我們也是個普通的凡人。儘管成癮者是因為各種（具高度爭議性的）因素，對某些成癮、非法物質產生依賴性，但這不表示，我們就無法對他們感同身受，因為他們想藉由服用那些物質擺脫的主要情緒和感受，對我們而言並不很陌生。

在面對個案的質疑時，我都會請他們告訴我，當他們陷入成癮困境時，內心的想法和感受。一般而言，經常聽到的答覆有：丟臉、罪惡、厭煩、忿恨、無助、麻木、無力、絕望、失望、孤立和不被理解等。而聽完他們的自白後，我都會請他們不必擔心自己異於常人，因為每一個人在人生的不同階段，一定都曾體會過他們心中的那些感受，只是感受的強弱程度不見得相同罷了。

為可能隨時波動的動機，提前準備

誠如前所提，過去的成癮療法會要求個案認清自己的一切錯誤，藉此激勵他們改變行為；也就是說，它著重在個案的缺失，而且個案都是到了生活失控到自己無法掌控的地步，才把自己交給「專家」。

這樣的作法，與近來的成癮療法非常不一樣。因為近期的成癮療法都是以「資產取向」（asset-based）來支持成癮者採取戒斷行動。什麼意思呢？

現在的臨床者了解，我們需要接受成癮者在面對改變時，內心一定會有的矛盾；也要了解成癮者，不一定要等到情況變得更糟時，才能積極採取行動。也就是說，我們必須能以尊重和同理的態度，承認他們確實可能出於某些原因不願意改變。因此，當務之急是要讓成癮者知道，他們能持續堅守那些正面的轉變，讓他們感受到自己的能力、動力和價值。臨床治療師能幫助他們認清自己的長處和資源，知道自己在轉變過程中產生矛盾心態時，能藉由哪些力量化解它們。

在本書中，我會幫助你找出你能支配的資產，並讓你相信自己有能力做出轉變。我會告訴你，該如何擬定一份面面俱到的計畫，得以積極、實際的方式展開行動。現在的臨床治療者都知道，以權威、咄咄逼人的方式輔導個案，很容易招來反效果；輕者會讓個案改變的進度變慢，重者會讓個案完全聽不進你說的話、失去改變的興致。因此在這本書中，我想強調的是你的長處和成就，而不是你的不足和「失敗」。比起那些告訴你做什麼「最好」，以及做錯了什麼的說教方式，這套不帶任何批判色彩，又富同理心的方法，更能有效幫你找到個人的價值和智慧，並保有採取行動的彈性。每個人都需要有選擇的空間，你當然也不例外；有了「選擇」，才能根據自己的需求，立下最適合自己的目標。

如今，輔助戒斷的專業人員會把自己視為個案的「戰友」：傾聽個案的聲音，充分理解他們不願改變的原因，與他們一起擬定可行的對策。身為一位在物質戒斷領域深根多時的專業人士，我的目標可不只是讓他們不再碰毒或控管飲酒量如此簡單；對我而言，幫助他們全面提升生活的各個層面，才是我面對每一位個案所追求的終極目標。依我的經驗來看，最能有效幫助個案戒斷成癮物質的臨床者，都不會強將制式的目標和計畫套用在個案身上。相反的，他們都會以個案為中心，去了解其人際關係、工作、教育、靈性、個人發展和健康等方面的狀態，接著，才會依據他們的情況，打造出最適合他們的目標和計畫；因為他們知道，**人們的眼中，不該只看見自己的「壞」習慣**。

以上這些策略，全部都能用來解決你「不」想要的習慣。

它不再會把目光聚焦在你想要改變的行為，而會聚焦在你對改變做出的準備。一旦認清了自己想要改變的真正原因，對改變就能做足準備，即便動機不高，也都能增加相信自己有能力改掉那些習慣的信心。

動機，不是一個一成不變的狀態；在生活中的各種互動、思想、感受和經歷，都可能讓它隨之波動。換言之，動機可不是什麼有了就會一直有，沒有就會一直沒有的東西，因此要對自己的動機會不時上、下浮動有所準備，且它多半都會出其不意的出現變化。大部分長期戒斷不良習慣的人，都會同意這一點，並表示有時他們在歷經動機最高昂的時刻後，就會發生所謂的破戒行為。事實上，現在的成癮治療專家也知道，縱使是那些生活已經一團糟、非做出改變不可的個案，仍能用很多方法給予他們支持，幫助其走到自己想到達的地方。其中一種方法，就是把「自我善待法」中的工具交給他們。

做好改變的準備

很多時候，我們在「受夠了」自己的壞習慣後，就會一頭衝進所謂的「行動」階段，而不會先花時間去規畫行動的動線。當然，每一個人都不一樣，對有些人來說，這種做法或許可行。可是就我的經驗來看，對大部分人而言，想要改掉壞習慣最重要的，就是「規畫」這個階段。

不過我說的「規畫」，可不是要你只執著在「計畫」本身。許多同意應該事先計畫的人，常常都會落入這樣的思維：一心想著執行計畫的規章和制度；好比說，允許自己吃進多少熱量、工作多少小時等。雖然從實務上來看（尤其是早期階段），這樣條例式規範對我們達成目標有很大的助益，但達成目標並不是「自我善待法」唯一的考量；那些有可能讓你偏離正軌、無法朝目標前行的個人狀態和思維，才是這套方法最在意的地方。正因如此，「自我善待法」會請各位先做好以下準備：

- 規畫應對負面思想的對策。
- 規畫想要放棄時，能採取的行動。
- 規畫想要偏離正軌時，能分散注意力的事情。
- 規畫更多元、更永續、更能長久執行的對策和方法。
- 預先準備在感到最脆弱的時刻，能支持你的地圖和信件。
- 決定在發現自己難以堅守計畫時，要對自己說些什麼。

依我之見，我認為，如果你的策略是以培養整體抗壓性、自尊感和自覺力為重心，那麼，在落實任何計畫時，都會得到比較好的成效。這次，你會得到不同以往的成果，因為你正在花時間為持續這次的改變做出「真正」的準備。這就是為什麼「自我善待法」會請各位先做大量的地圖和活動，再展開實際行動的原因。事實上，**改變不是從日常看起來不同開始，而是繪製第一張地圖便開始了**。

如果你跟我一樣是個貪快的人，這可能會讓你覺得有點煩；因為這聽起來就像是必須先花很長的一段時間分析自己，才能展開行動並看見結果。但好消息是，現在你手邊就已經掌握了所有行動的方法，不需要再等到下一次的諮商時間，就可以立刻按照自己的節奏完成這些前置作業。

「善」的自我對話很重要

在戒斷這條路上，可以把「破戒」視為減速丘；雖然它會減緩戒斷的步調，但很快就能讓自己重回正軌。然而，如果在破戒後沒有及時拉回正軌，還讓自己又回到跟以前一樣或更糟的狀態，破戒就會演變成「復發」。

儘管破戒和復發都不是我們所樂見的，但若真遇上，對我們而言也並非毫無意義。它反映了我們過去處事的模式；只要沒有急著把它推開，並學著在不安中去了解它所透漏的蛛絲馬跡，就能從中找到一套避免自己落入這種自動行為模式的對策。例如，可以在破戒期間或之後，調整自我對話的方式，讓你的行為不再受負面內心話左右。

「自我善待法」中的部分地圖，在此刻就能派上用場：它們會提醒你，過去你有能力讓自己走上正軌，現在，同樣有能力將自己再度導回正途；它們會提醒你，**不需要因為一次「失足」，就推翻過去所有的付出與努力；它們還會提醒你，不是所有雞蛋都放在同一個籃子裡，所以這一時的失誤不至於讓你一敗塗地。**

用地圖維繫改變的初衷

對我來說，用手親筆寫下想要改變的一大堆原因，對我而言有非常大的幫助。

因為當我一心想著快破戒、快要重拾過往壞習慣時，這些原因根本不可能浮現在我腦海中。但，把它們全部寫在紙上後，這張載滿改變動機的地圖，就能在緊要關頭，拉我一把。也因此，在製作這類地圖時，我一定會力求內容一目了然，所以比起條列式，我個人更偏好以放射狀的方式，列舉與該地圖主題相關的文字。

在改變的前置作業期，我會針對自己可能在行動期間提出的藉口，擬定相對應的策略；如此一來，每當萌生放棄念頭時，那滿滿一頁的文字就能為我帶來不輕言放棄的力量。況且，一旦我能寫下並明白自己的藉口有多麼天馬行空（甚至荒謬）時，未來就不太可能再讓它們成為我的絆腳石；例如，以前我就會在執行減肥計畫好幾個月後，莫名以「今天下雨了」或「誰讓我很煩」為由，允許自己暴飲暴食。

另外，地圖也會讓你不容易因眼前的成就自滿，或輕忽過去那些壞習慣對你造成的影響。這是我們在改掉壞習慣的過程中，一定會面臨的挑戰；因為，當越遠離過去那些壞習慣對我們的負面影響、養成新的「常態」，就越有可能忘掉當初這個改變對我們的重要性。

好消息是，只要能養成習慣，記下自己生活中新體會到的所有正面感受，就會意識到生活中已經從許多小地方獲得改善，而且有些地方，甚至是我們之前從未想過的。以我個人為例，現在去別人家的時候，如果我覺得冷，對方拿了一件套頭毛衣給我穿，我也會欣然接受。我知道這看起來可能只是一件微不足道的小事，但過去有段時間，如果我在別人家覺得冷，就只會忍著（或是離開），因為會擔心自己的噸位太大，穿不下他們借我的毛衣。坦白來說，在一開始減肥時，我根本沒有把「在別人家借件毛衣穿」這件事當作減肥的理由，當時我減肥的第一個理由是「不要老是喘不過氣」。不過就在執行減肥計畫後的某一天，這個念頭突然閃進我的腦海，才意識到減肥後的我，再也不必為了借衣服穿這種小事擔心。

現在，我的地圖上已經記錄下數百個在減肥時意外獲得的小小驚喜，而這些小小的進步也讓我的日常生活變得更加美好。因此，在我落入那種美化過去習慣、想要再度以暴食方式，轉移當下想逃避的某些處境時（通常是壓力、悲傷或無聊的時刻），這張地圖就會提醒我，這麼做會讓我失去多少美好的事物。**這張地圖就像是我的專屬定心丸，每當我被破戒的念頭搞得滿心浮動時，就會把它拿出來看看，然後不出幾秒，就能讓我動搖的決心，再度堅定。**

待針對自己的長處、成就和個人見解繪製出一系列的地圖後，你就有能力去對抗那些讓你想走回頭路的時刻。臨床上的某些個案會用手機把他們的地圖拍下來，以便在意志動搖時，隨時用來堅定決心；還有一些個案，則會把他們的地圖做成名片大小，放在皮夾中隨身攜帶。因為這些地圖能在關鍵時刻提醒你，你曾經走過哪些路、想到達的目的地在哪裡，以及展開這趟旅程的初衷是什麼。

除了隨身攜帶地圖堅定決心外，記錄下那些令你感到驕傲、低落或衝動的想法，也很重要，因為它們正是不斷豐富你地圖內容的基本素材。有些個案會用手機速記下這些想法；他們會事先在手機輸入幾個地圖的主題，然後當發現自己冒出與這些主題有關的念頭時，就會將這些觀察記錄在相對應的主題下方。有些人則喜歡把地圖和筆放在床頭櫃上，這樣在晨間或睡前，就可以花個五分鐘的時間（有時甚至不用那麼長）把自己觀察到的新資訊，記錄在地圖上。此舉，不僅能豐富地圖的內容，也可以成為增添生活中正能量的日常儀式。

繪製地圖的小叮嚀

當花在這些工具上的時間和心思越多，它們對你的幫助就越大。這套方法除了能幫助你更了解自己，長期下來也能成為提醒你莫忘初衷的利器。朝目標前行的過程中，難免會碰到一些令你感到迷惘的時刻，這時，我想即便你沒有逐字閱讀地圖的內容，光是看到那滿滿一整頁，自己親筆寫下的字跡，就會驚覺「原來我有這麼多的原因、優點和動機」。

另外，這些地圖彼此環環相扣。我知道很多迫不急待想改變自己的人，大概都很想跳過繪製地圖的步驟，直接展開行動。如果你是這樣的人，請試著換一種思考方式：雖然繪製這些地圖必須多花一些時間，但整體來說，卻可以讓你更快到達你想要去的終點（並更輕鬆地待在那裡）。

為此，我建議各位準備一本筆記本，專門用來書寫這些地圖和活動的結果；對開式的筆記本最理想，這樣就可以直接把某些地圖放在一起比較。一旦開始對這本書的線索和建議產生興趣，可能就會發現，書中的某些活動對你而言特別有用，或者，開始想舉一反三的用書中繪製地圖的原則，去探索一些想了解自己的主題。

第一次跟著本書、把所有的活動跑過一遍時，一定需要花比較多的時間去反思你過去的狀態。除非文中有特別申明，否則強烈建議，把每一項的活動都當做一個獨立的療程進行。

另外，執行每項活動前，請先詳讀它們的背景介紹和執行方式，再動手完成這些地活動，讓它們真實反映出你的狀態。所有的活動都緊扣著「自我善待法」的核心精神：善待自己，因為每一張地圖都是為了自己而做，都必須把時間保留給自己；這種善待自己的舉動，能提升自我的價值感，進而讓我們願意投注更多心力在改變自己身上。

我撰寫本書的用意，主要是想提供各位一個自我療癒的私密空間；當然，專業治療師的引導還是能提供其他幫助。與治療師一對一面談和參加互助團體的最大好處，是可以聽見自己內心真正的聲音。因此，如果可以，請養成習慣大聲朗讀你寫下的這些文字。此舉不但能消除心中某些負面聲音，還能幫助我們用更理智、更合理的眼光看待自己。這個舉動也能讓我們注意到，自己是否心口一致，進一步幫助我們對自己有更深的了解，並產生新的想法。例如，你可以站在鏡子前大聲唸出「我擁有的人格特質」這張地圖的內容，同時注意自己在聽到這些話時，心中的想法是什麼。你有嘴巴上說著自己好，心裡卻覺得自己差嗎？

你是活的，這些地圖也是活的，因此長期執行這套方法的時候，請養成定期更新地圖的習慣；用你這段期間新感受到的體會，或想到的其他事情豐富地圖的內容。最後，我鼓勵你盡可能對自己誠實，尤其是面對那些你可能不太願意大聲說出口的事情。考慮到這一點，我想你或許還要花點時間好好思考，自己該如何收納這些筆記，才能確保它們不會曝光。

寫封信給未來可能放棄的自己

大部分的轉介個案，都是在星期天早上向我發出求救訊息。通常這些人都已握有我的聯絡資料一段時間，而他們會主動寫信向我尋求協助，多半是最近發生了某件事，或狀況突然變糟糕了；有可能是他們前一晚做了什麼不光彩的事，讓他們在隔天早上秤量體重或某些數值時，看到了他們希望永遠不要再看到的數值。

一月的第三個星期，通常是我接到轉診個案的高峰期。大致來說，這些人的問題不在於他們沒有改變的決心，而在於無法堅守那份決心。之所以會如此，很多時候，是因為他們認為只要擁有一顆渴望改變的心，就足以成功地讓自己按照計畫改掉壞習慣；然而，他們卻忽略了很多行為，其實都是要透過通盤了解自己才有辦法徹底根治。

因此，讓每一個採取「自我善待法」的人，日後能以「持之以恆現在的行動」做為新年願望，是我追求的目標之一。

在這些來信求助的人身上，我觀察到一個有趣現象，即：**不論這些人在信中有多麼迫切地想要改掉自己的壞習慣，等到我們面對面交談時，他們往往都會大幅淡化那些壞習慣對他們生活帶來的負面影響**。這些人在信中通常會用「是時候了」、「我必須做出一些改變了」、「我受夠這樣了」、「我需要好好面對這個問題」、「我已經做好了改變它的準備了」等字句，表達自己十分渴望改變的立場。他們會在信中寫下這類的字句，通常是因為在聯絡我的當下，身體正因那些習慣受苦；然而，當他們的身體狀態隨著時間變得比較好之後，就會寬恕那些曾為他們帶來不適的習慣，覺得自己的實際狀態好像也沒那麼糟糕。問題是，只要不改掉那些習慣，那些曾經讓他們感到無助和無望的時刻，就一定會再度找上門。

莫忘初衷，是改變成真的關鍵

會讀這本書的人，大概都經歷過那些無助和絕望的時刻：在那個當下，會覺得你的習慣（或讓你無法養成新習慣的那些原因）是你的頂頭上司。或許你已經對那些奇蹟般的治療方法不抱任何幻想，甚至是對自己無法自主改變、必須靠外力的幫助才能改變自我的狀態感到忿恨。但是，此刻正在閱讀本書的你，可能也會發現自己渴望改變的心情，似乎並不如你最初買下這本書時那般迫切。

前一節已討論過，我們對於那些想要改變的重要時刻，是有多麼健忘，所以現在，我要請你用文字把它們記錄下來。因為你開始改變自己時（尤其是在早期階段），很容易因眼前的成就自滿，或輕忽過去那些壞習慣對你造成的影響。看到本書列出的各種改變的理由，或許會開始懷疑，過去你是否並沒有那麼認真看待你做出的每一個重人決定；也或許會像我一樣，希望自己能早早完成所有地圖，馬上展開改變計畫。然而，無論你對這本書有怎樣的感想，都需要接受一件事，即：改變的過程中，必然會經歷許多讓你想要放棄的時刻。當碰上這些時刻，本節要帶著你完成的「給自己的一封信」，就可派上用場，提醒你「莫忘初衷」。

此刻你不必急著擬定自己要執行的具體計畫，現在，我只想要你仔細想想「未來的自己」，那個你可能會試圖合理化目前正在關注的行為（或缺乏的行為）。在這段旅程的初始階段，這封信就像一盞明燈，你一定會經常拿出來反覆閱讀，提醒自己「莫忘初衷」；尤其是在那段你已經因改變感到不適，卻又還看不到任何明顯轉變、好處或結果的過渡時期。

保羅的故事

前陣子我輔導的一位個案（就讓我們用保羅稱呼他吧！）在我們第一次面談的期間，完成了他的「給自己的一封信」。

保羅受夠了自己的工作，因為這一年他還是無法在工作上獲得任何成就感。他厭倦了這種抱怨度日又貌似升遷無望的生活，下定決心要徹底改變，放手一搏。

大學一畢業，他就加入了這家公司，直到現在八年了，他還是在同一個位置。他一直以來的夢想，就是希望能在一個更有創造力的產業工作，然而工作上的不如意，也讓他下班後常往酒吧跑，與同事互吐苦水，抱怨有多不喜歡公司和其他職員。於是，上班宿醉成了常態，他經常會覺得自己昏沉、提不起勁。在這樣昏沉的上班日子，他根本無暇去理會自己是否吃的健康，整天下來，他多半就只會吃一些不健康、油膩但能讓他感到療癒的食物，以支撐自己應付工作。長久下來，他漸漸開始對這樣的生活型態感到非常厭煩，因為他覺得整個人變得越來越鈍。

他向我坦承，起初還覺得自己很幸運，能有一份在宿醉狀態也能完成的工作，不太在乎這份工作對他沒有什麼挑戰性，反正只要有薪水可領就好。然而，現在他的身體已經因這樣的生活型態受到傷害，而他也到了一個想要突破現狀、更有生活目標的階段。他想念過去那個有能力、有生產力，並以自己為傲的自己。他想要在每晚入睡時，不再覺得自己一事無成。可是就他當時的處境來看，保羅想要脫離現狀，勢必要改變目前的生活型態；因為持續這樣的生活形態越久，他對酒精的依賴就會越高、自尊心也會下降越多，如此一來，就只會更難相信自己有能力（或值得）找到或獲得一份更好的工作。接著，我們討論想改變的習慣時，保羅將想改變的習慣排出以下優先順序：

第一個要改變的習慣：老是延後尋找和申請新工作的時間。

第二個要改變的習慣：在平日晚上喝酒。

第三個要改變的習慣：飲食不健康又沒有妥善照顧身體。

終極目標：找到一份新工作，擁有更健康、更平衡的生活方式。

保羅為自己擬定的初步短期計畫：停止所有的飲酒行為，每晚下班就直奔健身房，然後回家只吃水果、沙拉和魚，還要花三個小時找工作。

我建議的短期計畫：找出最能輕易打消喝酒念頭的時刻，然後一週先挑個兩晚不要去酒吧（這一天或許是星期一，也或許是最佳酒友沒出席的夜晚）。沒去酒吧的那些晚上，撥個兩小時的時間，撰寫履歷和找工作，並為自己安排一頓健康、美味的晚餐。這兩晚的隔天早上（你大概會覺得自己比較有活力），通勤時請提早兩站下車，然後一邊聽著喜歡的音樂，一邊步行到公司。（注意到了嗎？保羅為自己定下的計畫，就像是一套折磨自己的酷刑，相較之下，我的計畫善待他多了。）

想要大刀闊斧地一口氣把所有習慣改掉，讓自己變成一個「全新的人」是很常見的狀況。有這樣的想法沒有什麼不對，只是「期望越高，失望越大」，一開始就把標準訂得這麼高，屆時萬一無法實現這些期望，挫敗感恐怕就會越強烈。因此，擬定短期計畫時，把計畫重心放在想辦法證明自己有能力堅守計畫上，會比讓自己做出重大轉變來得重要。

簡而言之，執行計畫之初要做的事，主要就是盡可能從許多「小地方」，增加自信心。也就是說，目標必須盡可能「切實際」和「可行」。落實這些計畫的過程，你會覺得自己變得越來越強大，企圖心也會變得越來越大。我可以告訴你，我已經見過太多人都把自己一開始的目標定的過於龐大；例如，一位好多年都沒有運動習慣的人，為了減肥，一下子就規定自己要做到運動員等級的運動量。可想而知，這樣的計畫多半很難執行，也很難持之以恆。

總之，**「自我善待法」的理念，就是要讓你從無數個小地方，打破你對自己的苛刻評價；**它會減少心中冒出「我又搞砸它了」這類負面內心話的頻率，讓你更常用「太好了，我又突破自己的框架」這類話語，肯定自己。

環環相扣的習慣

另外，生活中的諸多習慣時常都會以環環相扣、相互影響的形式存在。所幸，這樣相互牽連的習慣，通常都會因積極改變某項你最不喜歡的習慣，進而產生連動式的正向改變；保羅就是一個很好的例子。

自從他開始每週挑兩晚吃健康的飲食，並積極為轉換職場跑道採取行動後，就覺得自己睡得更好、變得更有自信和活力，也更相信自己有能力突破現狀。少了宿醉搗亂的上班日，還讓保羅有更多餘裕去選擇比較健康的食物，也比較能包容工作上不順心的事。最重要的，是整體的飲酒量都下降了。

剛開始，保羅對自己這樣的轉變非常開心，也認為自己想要離職和改變習慣的理由非常合理。那段期間，他感受到了這些年來從未感受到的勇氣和力量，一心為轉換跑道做著準備。另一方面，改掉下班跟同事喝一杯的多年習慣後，他的飲酒量大幅下降許多。接下來幾次的面談過程中他都告訴我，比起下班後去酒吧發牢騷，現在他更享受去咖啡廳，一邊修改履歷，一邊上網尋找理想工作的夜晚，並開始用一種全新的視角去看待人生。

不過，就在持續這樣的生活三週左右，保羅便一改前幾次面談的神采飛揚，滿臉倦容的出現在我的診間。他告訴我，覺得此刻的自己好像在自欺欺人。這段期間他雖然投出了幾份履歷，但都被回絕了；而且為了準備這些履歷，他還錯過了好幾個別人回味無窮的有趣夜晚。他開始對這種貌似日復一日炒冷飯的日子感到厭倦，甚至告訴我，他其實很喜歡原本的工作，覺得他第一次來找我面談時，對自己工作的不滿，實在是有點反應過度。

突然間，他的記憶好像經過重整一般，以一種完全不同於第一次與我面談的角度，解讀他對目前工作的體會。比方說，之前他覺得他跋扈的老闆，已在這些年將他對工作的熱情漸漸消磨殆盡，但現在他覺得，這一切其實都是「誤會」一場；又或者，以前他覺得工作內容單調又缺乏創造力，但現在他覺得，這樣的工作內容其實是最適合他的。就連過去曾經擔心的飲酒習慣，現在他都找到了理由合理化這類行為；他表示他同事的酒喝得比他還多，而且他本身其實也滿喜歡豪飲的感覺。

我沒有點出他的矛盾，只請他將現在覺得自己不用改變的理由逐一列出，就像他（沒多久前）曾經列出想改變的習慣那樣。畢竟，我不是他，他才是那個曾經覺得自己喝太多酒，或工作枯燥乏味的人。面談中，我發現他不只一直在推翻自己先前的想法，還對我不太滿意。我知道他此刻為什麼會這樣，而會有這樣的反應也完全在我的意料之中。就我個人和輔導個案的經驗來看，目前他正處在一種自信心受到打擊、動機浮動的階段。也就是說，此刻這番改變帶給他的「未知感」已不再令他感到新鮮和振奮，反而是無趣和不安。

我知道是時候了，於是，我把他先前寫下的那封「寫給自己的信」拿給他看，就是那封他在我們第一次面談時，親筆寫下的「改變初衷」。他對自己在文字中表達的苦惱和厭煩感到震驚，而且這些文字還都是他在短短幾週前寫下的。他也對自己看事角度的變化感到詫異，因為此刻他顯然是過度美化了工作環境和飲酒習慣對他造成的影響。我告訴他，在改變的過程中，必然會因為前方的不確定性，多次出現這類前、後想法相互打架的時刻，而這時我們就要拿出一開始寫下的「那封信」幫助自己找回初心。當然，如果在改變的過程中，又想到自己以前還有什麼不喜歡、想改變的事情，也可以隨時將它增添到他的「寫給自己的信」中。

「寫給自己的信」撰寫守則

現在，要請你準備一本獨立的筆記本，下一頁的範本提供許多撰寫這封信的文句範例，你可以從中揀選最有共鳴的文句，再依照這些句子的引導，在筆記本寫下專屬你的「寫給自己的信」。

我想，你一定會經歷跟保羅一樣的時刻，所以請一定要在改變之初就完成這封「寫給自己的信」，這樣在那些時刻出現時，才能看著它提醒自己「莫忘初衷」。

抄寫範本中的句子時，不一定要照單全抄，只要抄寫你覺得有用的文句即可。不過寫得越多，到時候它就能提供越多力量。切記，雖然我一點都不希望你這一秒就負能量爆表，但希望你能在這裡先好好記錄一下，那些想改掉的習慣曾帶給你怎麼樣的惱人感受。這樣一來，日後若發現自己對改變的急迫性和重要性有所動搖，就能有份依據，好再次堅定自己的信念。

那麼，現在就請你看著範本，動手寫吧！

寫給自己的一封信

親愛的（寫下你的名字）

今天是（寫下日期），**你**（寫下你書寫這封信的當下，你的生活整體狀態）

你決定嘗試這套新的方法因為……

- 受夠一直……。
- 每個星期一或新年或夏天，都打算改變，厭倦……。
- 想要一勞永逸，需要……。
- 是時候，該開始……。
- 是時候，該停止……。
- 這是急需改變的事情，因為你覺得……。
- 對自己能做出改變，抱持著……的想法。
- 出於某些原因，想改掉一些習慣。是時候誠實面對自己，承認這些習慣有……。
- 對改變的無能為力，把你整個人帶到……的境地。
- 當看見別人能成功改變自己，自己卻不能，會覺得……。
- 接下來幾週，萬一開始對自己展開改變的重要性產生質疑，必須記住……。
- 別人不知道這個習慣已對你造成困擾，也從來沒想過自己會走到這步田地，變得……。
- 如果開始發現改變比想像中的艱辛，請一定要叫自己挺過眼前的挑戰，因為……。

．如果又花了一年的時間，讓自己做一些無法持之以恆的改變，你會……。

．需要認真看待這件事，因為……。

．之前這樣之所以可以，是因為……，而現在之所以不行，是因為……。

．如果你無法在此刻找到控制自己的方法，最終就會落得……。

．基本上提升自己的自覺力是很重要的，因為……。

．你想要覺得自己……。

．你希望此刻你能……。

．你的生活停滯不前，這讓你……。

恭喜你，踏出改變的第一步！完成這封信之後，你已經將此改變中對你而言最重要的部分，用白紙黑字記錄下來，並充分了解到自己為此努力的意義。未來在改變的過程中，若碰到動機猶疑的時刻，這封「寫給自己的信」將成為你最強而有力的定心丸，讓你重新堅守信念，不偏離正軌。

第二章

執行改變計畫前，先繪製地圖探索自我

我擁有的人格特質

「自我善待法」中最重要的一部分，就是要下定決心用一輩子的行動，去滿意自己的狀態。「真實喜歡」和「接受自己」的狀態，不僅有助認清自我的價值、過自己想過的生活，還能讓你覺得與眾人不同，有能力實現自己的目標。

這本書並不是要每個人都以不顧一切（又不切實際）的積極態度過日子。我認為，要使自己變成一個更好的人，能敞開心胸聽進和接受專業人士和其他人的批評指教，同樣非常重要。然而不得不說，自尊感經常會左右我們解讀他人意見的方向，讓你對同樣的一個意見產生他是「針對這個行為」和「針對我」做批評的不同解讀。**一般而言，肯定自己、自尊感高的人，會將別人的意見視為「對事不對人」；反之，否定自己、自尊感低的人，則會將別人的意見視為「處處針對自己」**。

想擺脫後者的負面思考模式，可以從找出自己的優點著手。因為大部分的人都要在肯定自己的優點之後，才有辦法去接納自己的缺點。認可自己的優點，能讓我們擁有欣然接受自己缺點的勇氣，從而讓我們更清楚自己是個怎麼樣的人。這意味著，我們可以坦蕩、理性的去聽取別人對我們的評價；當他們給我們負面反饋時，也可以用中立的心態去判斷他們的意見是否值得參考。事實上，在對自己沒自信的情況下，我們很容易把別人給予的反饋全都當真（不論這些反饋是正面或負面的）。再者，我們每個人都會仰賴他人，例如：朋友、夥伴或雇主等，來告訴我們是怎樣的人，又擅長些什麼東西。這樣的舉動，會強化「認為別人對我們的看法，比我們對自己的看法更為重要」的觀念；而在為自己擬定有效計畫時，這樣的觀念會成為一大阻力。

自我引導

在我培訓專業人員的經驗越來越豐富後，多半會用「簽到和簽退」的形式，要求學員輪番用幾句話描述自己是怎樣的人或有什麼感受，開啟和結束一天的課程。我很早就意識到一件事：光是要大家以「簽到和簽退」的形式，大聲說出自己的一項優點，就足以讓他們整個人尷尬到不行，更遑論是要他們說出自己「隱藏的優點」，有時他們根本說不出半句話。

起初，我以為說不出自己優點的人，是因為他們不喜歡在團體課中分享個人事物（這一點不難理解），尤其這還是個專業人士齊聚的場合。然而，後來發現在與一般個案進行一對一面談時，一樣會發生相同的情況。但有趣的是，如果我把描述的對象，從他們自己改成他們所關心的人，他們就能輕易說出別人的一大堆優點。

這裡，我們需要明白一件事，那就是在不承認自己的優點多於缺點的情況下，有時會讓我們難以改變習慣（事實上，是很難改變我們過去所做的任何事情）。

有許多（很棒的）書籍都有詳盡說明這是因為神經迴路的關係，並從科學的角度告訴你，養成新習慣為什麼會如此困難。但是，為了保持這本書淺顯易懂的調性，在這裡我只會簡單告訴你，當你有很長一段時間都以某種方式完成某件事時，無論這種方式是好是壞，都會成為你習慣且感到自在的做事方式。即使隨著時空的變化，這種方式不能再為你帶來相同的效果，你仍會用這種方式做事，因為它已變成你的內建模式。任何事情都可以成為一種習慣：例如，在過去的十年中，每天都去採花；

而某一天，有人突然要求你不要再去採花，你也會產生專屬的戒斷症狀。

在改變的過程中，一定會歷經到一些不相信自己或自身能力的時刻：可能會強烈質疑自己是否值得改變，或是否具備改變現狀的能力；又或者可能會懷疑自己是否擁有足夠的正能量，幫助你挺過長期抗戰會遭逢的某些難關。我必須坦白告訴各位，在尚未找到一套更適合自己的做事方式前，必然會有種自己正在「逆流中奮力前行」的感覺。有些人要對抗的逆流，是生理上的不適和戒斷症狀，但絕大多數的人要對抗的逆流，則是心中不斷響起的負面聲音。

心中的沙發

我常常會要求我的個案，把自己的內心想像成一個房間，裡面放了一張沙發，沙發上坐了一個懶洋洋的傢伙，占據了整張沙發的空間。這個傢伙已經在沙發上待了一段時間，對四周的環境越來越自在，可說是在沙發上生了根。每當我們感到疲累，或覺得自己哪裡做錯時，它就會開始對我們說一些糟糕的事情：說我們軟弱又懶惰，說我們所嚮往的雄心壯志只不過是自欺欺人；它還會告訴我們，應該停止一切努力，認命接受自己差人一等的事實，要我們相信喜歡自己是多麼愚蠢又不切實際的妄想。

然後，我會介紹另一個角色進入這個房間。

第二個登場的角色個性是善解人意、靦腆又輕聲細語。它想在沙發上找個位子坐下，但很顯然，現場的情勢對它非常不利，因為沙發上的空間幾乎都已被第一個角色占滿。最後，第二個角色才在沙發扶手的邊邊，找到了一個空隙，成功地把自己塞進沙發中。慢慢地，它對整個環境越來越有自在，最終甚至鼓起了勇氣和那個說話刻薄、幾乎占據了整張沙發的傢伙對話（一開始它都只是好奇的靜靜聽著第一個角色大放厥詞）。

每當那個刻薄傢伙大吼大叫地口出惡言，這個新來的角色就會出聲挑戰它提出的指責和污辱。當第一個角色說我們愚蠢時，這個新登場的角色就會說：「我聽到了你說的話，但他正在做的這所有事情，都證明了他根本不是個愚笨的人。事實上，他看起來可能還相當聰明。這一點大家有目共睹，也都知道他盡力了。所以你對他大聲嚷嚷的事情是事實嗎？還是只是習慣用這種方式對他說話？」

剛開始，第一個角色永遠都會在爭論中占上風，新來的角色一點勝算都沒有。不過漸漸地，隨著對話的持續進行，第一個角色會開始讓步，接受這樣的對話，並讓出更多沙發的空間；同時，新的角色會變得更加自在，整個人也不再緊縮在沙發的一角。

接著會發現，自從新角色進入這個房間後，整個房間的狀態就一直不斷提升；不但光線變得比較明亮、擺設變得比較整齊，整體的氛圍也變得更好。終於有一天，在我們感到疲累或受夠現況時，雖然還是會聽到第一個角色迅速發聲，**但我們會知道它的發聲是引發一場探究真理的辯論，而非一陣毫無意義的情緒化咆哮。**

現在你要完成的「我擁有的人格特質」這張地圖，將幫助各位創作內心沙發中的第二個新角色，讓它能以更公平、更有意義、更真實的角度，說出你想聽到的話。

繪製「我擁有的人格特質」地圖

─第一步─

首先，請在空白的頁面中間寫下「我擁有的人格特質」，並在其周圍畫一個圈，框住這幾個字。接著，就可以開始寫下你喜歡關於你自己的所有事物，並用一個一個圓圈框住這一項、一項的事物。請盡可能讓地圖上的文字保持簡短，最好每一項敘述就只有幾個字（可參考一〇九頁的地圖範例）。

開始繪製這張地圖時，請注意心中出現的任何「反對」聲音。例如，想把「聰明」列為特質時，可能會聽到有個聲音告訴你「你並不聰明，還需要再多讀一點書」或是「在……方面，你可能很聰明，但在……方面，根本稱不上聰明」。聽到這些聲音沒有什麼關係，實際上，這些對你來說，甚至算是一件好事，因為這些聲音是提升自覺力的關鍵；它們能讓你了解，過去你始終無法長久改變的原因。稍後，本書也會教各位如何透過一些活動，去應對這些負面聲音提出的警告、例外和狀況。

不過此刻，我只想要你專心寫下你認為你擁有，且你喜歡的特質或個性。

同樣的一項特質，在不同的情況下，也可能讓每個人對它產生不同的好惡，例如，你可能會覺得能在工作中保持安靜是很棒的特質，因為當你要了解某些事物時，它能讓你有效消化關於這些事物的所有資訊；然而，對其他不同工作背景的人來說，他們可能就不會將安靜視為他們喜歡的特質，而這項特質當然也就不會出現在他們的地圖上。也就是說，每個人的地圖都會長得不一樣。

—第二步—

這張地圖不但重「質」也重「量」。如果每天都能觀察到一項你樂於擁有或已擁有的特質，一年後，你就會擁有三百六十五項優點。

自己的體會，或別人給予的讚美都可能成為發現自己優點的素材。也就是說，你可能會在完美交辦一件事後，觀察到自己有某項優點；也可能會在無意間的某項舉動中，意識到自己具備某項正面特質。之後，若心中的惡霸又開始對你說一些，可能讓你偏離正軌或讓你覺得自己不配實現目標的負面話語，就可以看看這張地圖，挑戰那個占據沙發大半空間、說話苛刻的惡霸。

另外，就算沒有細讀這張地圖的每一個文字，光是看著這張地圖的主題，和滿滿一頁的大量正面詞彙，就足以為你帶來極大的正能量。為了讓你的地圖能成功發揮這樣強烈的「視覺衝擊」，我想再提供各位一些建議，好幫助你繪製出視覺效果更為豐富的「我擁有的人格特質」地圖。

首先，請先檢查地圖是否囊括下列所有面向；如果沒有，請將欠缺的部分補充到地圖上：

- 在工作上展現的優點。
- 在家庭中展現的優點。
- 經年累月發展出的優點。
- 一直以來擁有的正面特質。
- 成長過程中養成的正面特質。
- 日積月累發展出的正面特質（意外或刻意養成）。
- 喜歡自己是個怎麼樣的朋友。

- 哪些待人方式，會讓你也想套用在自己身上。
- 在什麼狀態下會讓人很喜歡你這個人，而不是你做的事。
- 你是個好夥伴、好手足、好父母的原因。
- 你喜歡你外觀的哪個部分。
- 你喜歡用怎樣的方式與這個世界互動。

—第三階段—

最後……

- 想想你敬佩的那些人，以及你覺得他們擁有哪些優點。接著，想一想他們有的那些特質和能力，自己是否也具備任何一項？如果有，請將它們一併納入地圖中。
- 想一想親朋好友會覺得你具備哪些優點，也將它們寫到地圖上。
- 可參考下表的詞彙形容你的特質。

參考詞彙

有智慧	伶俐	富有倫理道德	洞察力十足
有修養	使命必達	振奮人心	聰明
有擔當	富有同理心	非凡卓越	憑直覺
活潑	自信	公正	仁慈
適應力強	有良心	忠實	知識淵博
令人敬佩	考慮周到	健美	悠哉
愛冒險	英勇	專注	邏輯強
充滿雄心壯志	創造力十足	寬容	討人喜歡
和藹可親	文雅	友善	深情
眼光獨到	充滿好奇心	風趣	忠誠
説話清晰	大膽	有趣	成熟
精明	正派	大方	條理分明
體貼	果斷	不做作	一絲不苟
引人注目	奉獻	親切	平庸

懂世故	意志堅定	勤勉	穩重
心平氣和	莊重	健康	有教養
美麗	有紀律	樂於助人	客觀
勇敢	活力充沛	誠實	觀察力敏鋭
優秀	有能力	高尚	心胸開闊
冷靜	效率高	謙遜	樂觀
能幹	優雅	幽默	有組織
令人神魂顛倒	善辯	理想主義	坦率
有愛心	情感豐富	富有想像力	熱情
充滿魅力	富有同情心	令人印象深刻	有耐心
迷人	精力充沛	獨立	反應敏鋭
令人愉快	熱心	創新	風度佳
有説服力	注重現實	自食其力	有成就
愛玩	深思熟慮	自給自足	樂善好施
受歡迎	無拘無束	喜歡感官享受	有才華

積極	充滿力量	實際	嚴謹	有原則	有生產力	自豪	準時	充滿企圖	理性
可靠	有抗壓力	足智多謀	受人敬重	負責任	浪漫	懷疑論者	令人安心	有自覺力	無私
安定	性感	機靈	有一技之長	善交際	經驗豐富	自動自發	強壯	意志堅強	穿搭有型
富有包容力	不屈不撓	容易信任別人	值得信賴	善解人意	獨特	充滿活力	溫暖	睿智	機智詼諧

恭喜！你已經完成了諸多地圖中的第一張地圖，很棒！

請參考這張範例，動手繪製出專屬個人的地圖吧！

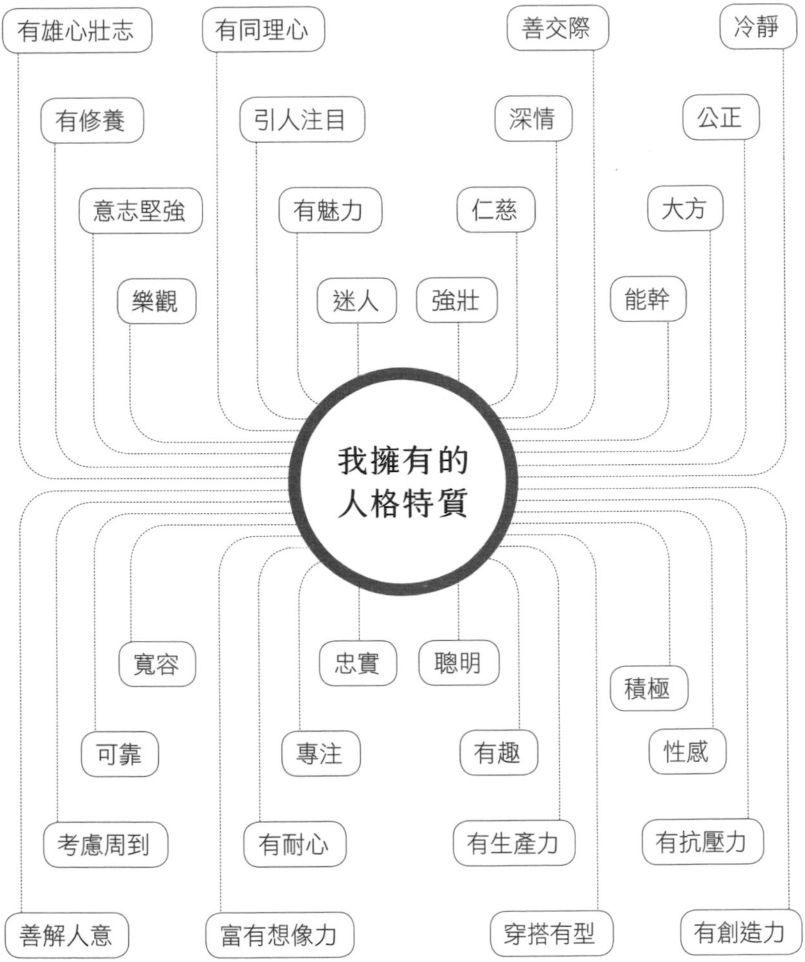

令我引以爲傲的時刻

想一想上次你做過，令你感到非常自豪的事情是什麼。這件事也許是與朋友一起慶功的大事，例如：考取證書或獲得獎項等；也可能是平淡的日常小事，比如第一次沒被老是在踩你底線的人惹怒，或是成功讓自己每天都攝取充足水分。

無論是「小事」或「大事」，只要能設法達成某個我們引以為傲的目標，在那一瞬間，都會覺得自己是個有力量和有能力的人。然而，問題是這種感覺很快就會被淡忘。興奮、放鬆和新奇等感覺消逝的速度太快了，所以沒多久我們就會把目光放在下一個目標上，或者開始對自己的成就挑毛病。

別忘記你已「達標」許多事情

過去，每當減到我的目標體重，或終於在歷經幾個月的努力後，穿上夢寐以求的衣服時，我都會欣喜若狂。我會以非常友善、積極和友愛的態度對待自己和周圍的每一個人。我會覺得自己是個有生產能力、自動自發又勇敢的人。

我會對自己感到驕傲萬分，而這份驕傲讓我覺得自己練就了一身金鐘罩，能強力對抗不健康食物的誘惑，或負面內心話的攻擊。但是，就在短短幾天之後，我便又會開始思考其他問題，像是鬆弛的皮膚，以及要如何才能克服自己不能隨心所欲吃東西的不滿。另外，我仍會不斷調整我的「目標體重」，讓自己離「夢幻尺寸」更近，而達成這些目標的成就感同樣也只能持續個幾天，然後，又會開始把心思放在下一件事上。也就是說，如果把改變比喻成一場旅行，那麼我就像是個走馬看花的旅人，雖然花了大把心力抵達了旅途中的各個目的地，卻沒花什麼時間仔細欣賞每一個目的地的風景。

事實上在求學和求職上，我也發生過相同的狀況。**每次都會在達成一個目標沒多久後，就不自覺地開始擔心下一件事。就算我已經靠著自己的努力取得了某些成就，或證明了自己的某些能力，我仍會不斷質疑自己的能力。**不過，現在我有這張地圖，上面記錄了我曾經引以為傲的大小事蹟。當我感到手足無措、懷疑自己的能力時，就會拿出來看看它。它能用直接又客觀的方式，讓我一次看見自己這些年來取得的所有成就，挑戰對自我的質疑。換言之，這張地圖其主要目的就是要幫助你「迅速」想起，那些曾對自己感到自豪的時刻。養成隨時記下這些時刻的習慣，不僅能讓這張地圖的內容更加豐富，還能時常提醒你對日常長保感恩之心。

盡可能對自己的所做所為感到驕傲，是「自我善待法」的核心目標之一。因為相信自己是個優秀又有能力的人，能提升抗壓力，讓你以更好的狀態迎接挑戰。你會知道自己是個潛力無窮的人，並樂於用更多事蹟豐富這張地圖；你會對目標有更多野心，並對自己的能力充滿信心。此外，這張地圖還會提醒我們不要將過去的成就視為理所當然，提醒我們不要忘了過去曾付出的每一分努力；因為這一切，全都會幻化成一張張珍貴的護身符，守護著我們穩步朝目標前行。

盡可能「個人化」地圖

就如「我擁有的人格特質」地圖一樣，在繪製這張地圖時，也請盡可能記下任何你覺得是「成就」的事情，即便其他人不見得能體會那些事情對你的重要性。

以我曾經輔導過的一位個案為例。她跑過幾次倫敦馬拉松比賽，所以在繪製她的「令我引以為傲的時刻」地圖時，理所當然會將這項事蹟納入地圖。不論是誰，只要看到「馬拉松」這個字眼，就會知道這是一件了不起的成就，也是一件非常具有挑戰性的事情。不過除了這類讓人一看就明白其重要性的事情，她的地圖上還有列有其他同樣令她感到自豪，但卻與她個人生活經驗更為貼近的事情。

前陣子她的父親病得很重，下班後她都要在尖峰時間，開三個小時的車去醫院照顧他。而同一時期，她和她先生的家剛好又在大整修，讓她整個人呈現蠟燭多頭燒的狀況。不過，最終她還是順利挺過了這段非常時期：父親出院了，房子也完工了，她的生活又回歸平靜。

每當她想起那段艱難的時刻，就會對當時的自己感到無比驕傲。有了那段經歷後，她才意識到，在此之前，她多半都會用一些不健康的行為來宣洩壓力和悲傷，例如：對先生和孩子大呼小叫，或是大吃大喝。意識到這點後，她便開始積極尋找其他更健康的新對策，來管理自己的壓力和情緒，例如：冥想和建立一套呵護自己的程序。也因為她曾做過這番努力，所以當她聽到我要她列出自己這段時期的成就時，她馬上就能想到很多事情可寫。

繪製「令我引以為傲的時刻」地圖

一樣先在空白的頁面中間，寫下這張地圖的主題，並在其周圍畫一個圈，框住這幾個字。接著，以此主題為中心，在四周的空白處，任意寫下有關這個主題的文字，並用一個一個圓圈框住你寫下的每一件事（可參考一一九頁的地圖範例）。

—小方法—

「我擁有的人格特質」地圖的內容，或許有助於完成這張地圖。因為回顧自己的優點時，會讓你更具體地想起那些曾經證明自己擁有那些優點的特定時刻。或者，也可以從下列方向思考地圖的內容：

- 什麼事情做得不錯？我有哪方面的造詣？

- 會對什麼事感到開心？做過什麼讓自己驚喜的事？
- 若年輕的我能看到現在的我，有哪些曾經歷的事會讓他覺得寬慰和驕傲？
- 對自己的哪方面感到自豪？曾經為自己慶祝過哪些事？
- 人生中有哪些事讓我的至親好友以我為榮？
- 曾經經歷過什麼從未想過的好事？
- 曾經靠著自己的努力，爭取到了什麼好事？
- 曾經單靠個人的魅力，吸引到了什麼好事？
- 曾做過哪些事，讓我覺得自己是個「能幹」的人？

這張地圖的附加作用

過去幾年，我養成了一個在跨年夜非做不可的習慣，還將它分享給我的個案。

在此，我也想將這個習慣分享給正在閱讀本書的各位。

─不再覺得自己一事無成─

在此之前的多年來，每到跨年夜，就會對自己感到非常失望，而感到失望的原因不外乎是：我「又」要許下相同的新年願望了、我「又」在過去兩週把自己吃得又腫又胖了、我「又」必須與食物保持距離了，或者，我「又」無法與大家盡興同樂了。一直到幾年前，我下定決心要好好善待自己後，才開始利用「令我引以為傲的時刻」地圖，幫助自己擺脫這種老是在跨年夜湧現的失望感。

現在，我會在跨年夜前後拿出這張地圖，反思自己在這一年來經歷過的種種，以及在生活的各個領域立下了哪些里程碑；想想自己曾為這些事付出過哪些努力，又得到了哪些收穫。每當做完這番反思後，都會一掃覺得自己一事無成的陰霾，能以滿足、自豪和充滿力量的態度，迎接新的一年。

許多你曾在某個領域展示過的技能，其實也能應用在生活的其他層面上。因此，利用「自我善待法」改掉各種不想要的習慣時，一定要懂得舉一反三、觸類旁通。如此，待完成書中所有活動，正式展開改變習慣的行動後，就能根據行動的結果，不斷調整計畫，並將相關的資訊增添到相對應的地圖上。

由於我們還不知道未來十年，你看待事情的角度會如何變化，或者近期在執行計畫的過程中會遭逢怎樣的困難；因此，希望你盡可能記下在生活中各個領域令你感到驕傲的時刻，因為它們都是證明你比自己想像中還要有能力的證據。這樣一來，日後的某個時刻，若你對前行的力量感到徬徨，它們就能助你一臂之力：提醒你，其實你早就做過某些事，證明了自己已具備朝目標前進所需的能力。

─化解「冒牌者症候群」─

這張地圖的另一項絕佳附加功能，就是能化解「冒牌者症候群」（imposter syndrome）個案的想法。這類個案大部分或多或少都會覺得自己的成就有點虛假，無法藉由這些成就提升他們的自尊感和自我效能感（self-efficacy）。

很多時候，人生極度成功的個案，都會迅速把自己的成功歸功於「僥倖」，認為這一切的成就都是天時、地利所致，而非自己的能力和努力。然而，這些成就怎麼會只有天時、地利的功勞？人家說成功「三分天注定，七分靠打拚」，要擁有這些成就，自己本身必定也要付出某種程度的努力，所以我們都應該對自己的能力更有自信，更認可自己值得擁有這些成就。

如果，我在你年輕時曾告訴你，現在的你會達成哪些成就；那麼現在，你對自己是不是就不會那麼自卑，會更相信自己有能力去克服眼前的挑戰？問問你自己：「若過去的我能看到現在的我獲得過、堅持過、克服過或招來的種種事蹟，會有什麼感覺？」如果你跟我協助過的每位個案一樣，就會**注意到這個問題的答案和「此刻」你的感受有所差異，而這個差異就是值得我們去思考的部分**。萬一在回想的過程中，發現自己曾做過某些令你後悔的舉動，請別讓自己陷入自責的泥淖；能發現這些事是件好事，因為這表示我們能及早修正它們。

請參考這份範例，動手繪製出專屬個人的地圖吧！

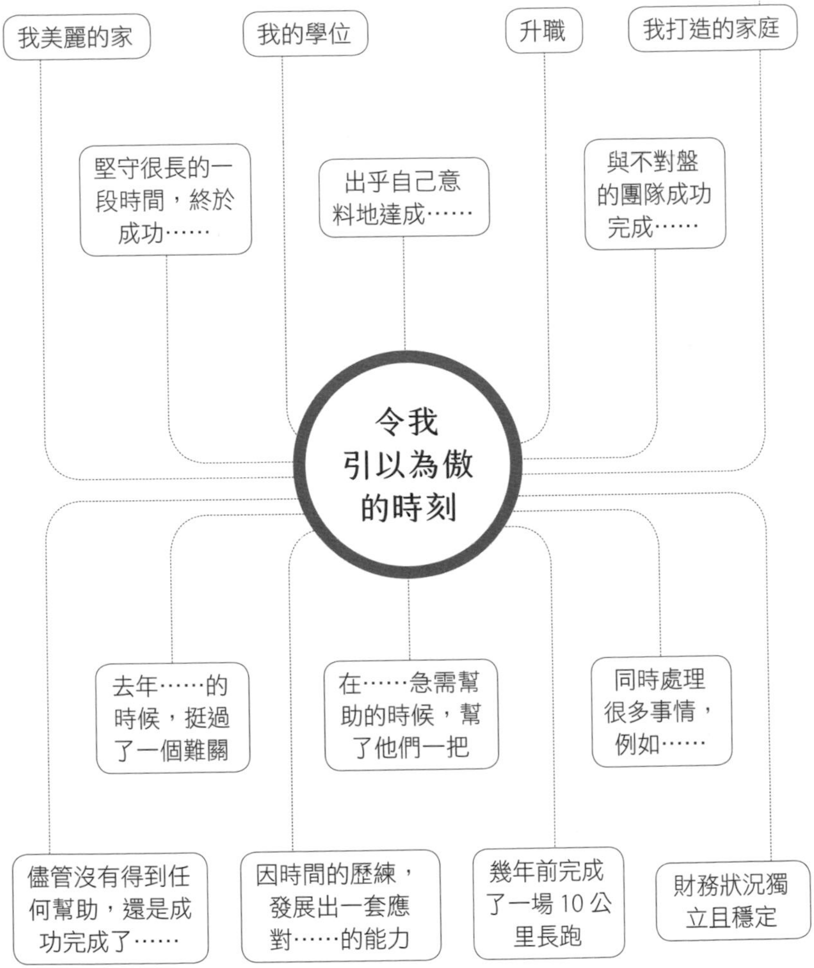

我全力以赴的時刻

「自我善待法」不僅能培養自覺力，還能提高自尊心，如此一來，就能獲得在執行和維持計畫時所需的抗壓性。本節的地圖讓各位有機會好好思考一下，什麼事情「適合」你、能讓你動起來；這是一個回顧過去所有反應的過程。在擬定改變的計畫時，有時可能會犯一個錯誤，就是一心想著自己「應該」變成怎樣的人，而不是想著要「找回」那個早在過去多次證明自己有那番能力的自己。

當不再被自己的思想束縛，把關注的焦點轉移到自己的感覺時，一切可能就會出現重大的轉變。也會想到過去有什麼樣的經歷讓我們覺得不錯、感受到真實的自己；我們會想到，過去有哪類計畫似乎能將執行計畫的阻力降到最低。有時候，可能也會發現自己不光彩的一面，這沒有關係，因為這也是你的一部分；有時候，則可能會發現自己認為某些事必定要怎樣做才行得通。以我個人為例，過去總會把工作產能高和早起綁在一起；但事實證明，賴一下床，反而能提高我的工作產能。

我觀察到輔導過的個案中，能一開始就擬定出對自己有效又能迅速執行的計畫的人，都有一個共通點，就是：花時間思考，他們的計畫要涵蓋哪些元素，對他們而言才最切實際、最能持之以恆。畢竟，每個人都獨一無二，適合的方法不盡相同；也就是說，相同的目標給不同的十個人去做，可能就會有十種完全不同的方法。而這張地圖能幫助各位擷取過去的成功經驗，讓你明白，過去曾用什麼方式完成「想做」或「想改變」的事物。製作這張地圖的過程十分仰賴個人記憶，因為只有你自己，才曉得曾經為了達成目標，做出哪些努力，又有哪些方法對你有效。

回想自己充滿幹勁的日子

我回想自己富有生產力又充滿動力的那些時刻時，總會發現自己在那段時期，一定會讓自己有一件每天必做的「例行公事」，例如：每天在同一時間去同一家咖啡店放空片刻之類的小事。我還發現，把自己要做的事情昭告天下，對我很有用（但我知道對某些人來說，要他們把自己的計畫昭告天下反而會徒增壓力，因為他們過去就曾蒙受其害）。

就我個人而言，要保持前進的動力，就需要快速看到成果和甜頭。另外，我會想要清空我的行事曆，這樣如果我因改變產生短暫的不適感，就不必顧慮取消行程必須到處與他人賠罪的麻煩事，能完全按照我自己的安排做事。如果我要用電腦工作，則喜歡工作到深夜；其實，我很享受那種通宵達旦好幾天的疲憊感。至於能讓我一大早起來做事的動力，大概就只有幫助其他人這件事；長久以來，我能早起工作，都是為了幫助那些需要和我面對面對話的人。

回想一下，在自己的生活中那些能讓你覺得充滿動力的時刻：或許是你為別人做事的時候；也可能是你面對某個嚴格限制了最後期限的事物（例如：考試或假期）；或許是你為自己設下了最後期限的時候；抑或是，為了健康，或為了某些獎勵，不得不做出改變的時候。

如果你覺得自己最有動力的時刻，就是（暫時）成功改掉你不想要的習慣時，那本節要做的活動可能會讓你有點洩氣。我每次回首自己曾努力減肥和堅守健身計畫的那些時刻，都會感到很沮喪，因為這讓我意識到，我又再度讓自己變得如此「糟糕」。因此，如果你也有這種感覺，我必須在此先誠摯地向你道歉。話雖如此，但如果你的計畫始終無法為你帶來理想的成效，那麼這番回首過往經驗的過程，就能幫助你改變現況。思考一下，過去脫離正軌的原因，並從這些經驗中汲取教訓，能增加你這次徹底改變此習慣的機會。

不過，如果在回憶的過程中，也想起了自己在動機高昂的狀態下，偏離計畫正軌的經驗，請不要把它們寫在這張地圖上。請先把這些經驗暫記在別的地方，因為這些經驗是你製作下一張地圖時會用到的素材。下一張地圖，其目的就是要幫助各位具體找出，可能會妨礙你動機的事物；至於現在本節要做的「我全力以赴的時刻」地圖，則旨在捕捉你覺得自己最充滿幹勁的時刻。

了解自己在什麼狀態下最有幹勁，能讓你在擬定計畫時，盡可能「重現」那些適合的條件，增加長久堅守這份計畫的機會。另外，想起那些鬥志滿滿的時刻，也會讓你體悟到自己是一個富有生產力、活力、創造力、目標和行動力的人。

繪製「我全力以赴的時刻」地圖

——第一步——

要完成這張地圖，需要反思過去所做的一些事情；這些事情需要你努力工作、有所犧牲、克服難關和堅持不懈才能達成。你可能會想起自己下定決心，為某個目標持續奮鬥的時刻；或是你動機高昂要去做某件好事的階段；抑或是在一番真心投入後，獲得或創造某樣令你自豪的時刻（可參考一二七頁的地圖範例）。

首先，在空白的頁面中間，寫下這張地圖的主題「我全力以赴的時刻」，並在其周圍畫一個圈，框住這幾個字。接著，寫下任何你認為在過去曾幫助你在某段時期保持動力的條件。下列問題或許有助你一一釐清那些條件：

- 經歷那件事的時間、地點？
- 當時發生了什麼事？
- 當時覺得自己的身、心狀態怎樣？
- 當時是什麼支持我堅守正軌？

- 當時身邊有什麼人？
- 當時有從別人那裡得到幫助嗎？如果有，是誰？
- 他們為什麼能幫助我？他們是給我精神上的支持，還是物質上的支援？
- 是否用過任何輔助工具，例如：應用程式或日誌？如果有，是什麼？
- 充滿動機的感覺如何？
- 動機跟獎賞有關嗎？如果有，那個獎賞是什麼？
- 是什麼激勵著我？
- 那套適合我的計畫，具體的操作流程是什麼？
- 是什麼讓這份計畫貼近實際需求，使我能持之以恆地執行下去？

──第二步──

完成這張地圖後，請試問自己下列問題，並在另一頁或該頁的背面記下回答。可以用一般筆記的方式，條列寫下你對這些問題的看法；此部分的問答，只是要幫助你統整有用的資訊，讓你在擬定下一份計畫時，能盡可能創造出一份適合自己的執行方案。

- 過去那些充滿動力的時刻有什麼共同點嗎？如果有，是什麼？
- 根據你所寫下的內容，你會改變你原本的日常行程，為自己打造一個最能讓你堅守計畫的完美狀態嗎？如果會，這所謂的完美狀態會是什麼面貌？

小叮嚀

做完這張地圖後，請再次拿出前一章「令我引以為傲的時刻」地圖，把覺得自己在這個活動中獲得的成就，增添到這張地圖上。另外，在這個活動中，有發現自己的更多優點嗎？如果有，請務必也將它們寫到「我擁有的人格特質」地圖中。

請參考這張範例，動手繪製出專屬個人的地圖吧！

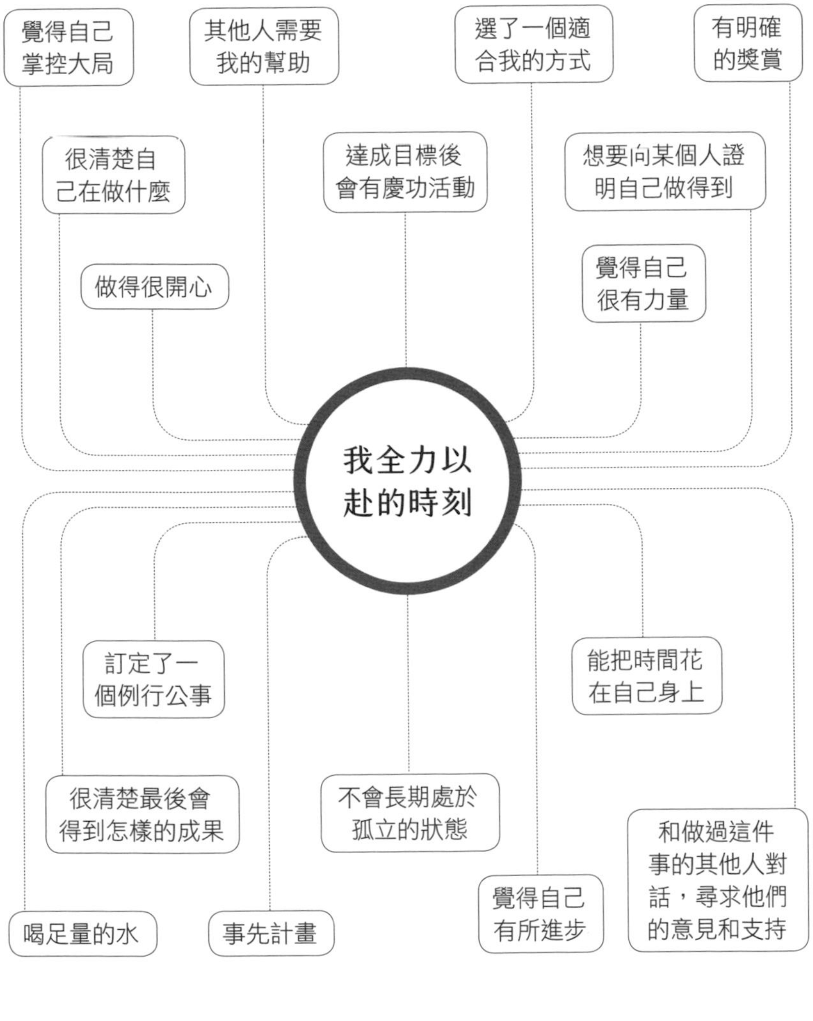

我搞砸計畫的原因

上一節完成的「我全力以赴的時刻」地圖，其目的是幫助你列出過去追尋目標的過程中，對你有用的方法有哪些。而本節要製作的地圖，則是要幫助你找出過去嘗試過，但卻無法改掉此刻想改掉的習慣，對你完全沒用的方法。

也許在此之前，你曾成功改掉這個習慣一段時間，但出於某些原因，最終還是沒能保持下去，又重拾了那些舊有、熟悉的壞習慣。也或許是，在執行計畫的途中，意外殺出了什麼程咬金，破壞了計畫，或讓你的計畫變得不切實際。如果你過去從未嘗試改變你此刻想要改變的習慣，那麼在本節的活動中，也可以用過去的其他經驗，來思考這張地圖要探討的主題；只要是曾經想嘗試做出改變，但無法如願改掉習慣的經驗都可以，因為這類經驗通常都有一些共同點。

我大部分的個案，在回想他們破戒（之後就會全面復發）的時間點，往往都會發現，這一切都始於他們內心那些看似微不足道的負面自我對話。有些人，則會因假期結束的六週後還處在「假期模式」，或發現自己做了什麼不合乎計畫的舉動，或是單純的倦怠，而讓自己又重拾過去的習慣；抑或是他們改變的成效實在是太好了，以至於他們完全忘了自己要改變什麼。

找出什麼對你沒有用

「我搞砸計畫的原因」地圖能幫助我們找出那些看似有用，但實際上只會讓我們陷入無限輪迴的方法。以我的情況來說，流質飲食就是一個例子。

每次要參加婚禮或度假之前，我都會花一筆錢買代餐，希望能藉此快速減肥。這些單包裝的粉狀代餐能讓我不必接觸到食物，每餐我就只需要按照包裝上的指示，加入適量的水，讓它變成一碗湯或一碗奶昔，作為一餐；從某些方面來說，這是我最能和食物保持距離的方法。

但現實是，我根本無法堅守這樣的飲食模式。多年來，我一直都有在訂購這些流質飲食，並一而再、再而三地重複著相同的減肥模式。每次我都會說服自己，這次會有所不同；面對過去的失敗，我總會對自己說「上次你並不是真的很想要改變」或「你沒有選擇正確的口味」。每次我從頭開始擬定減肥計畫時，似乎都會徹底忘了過去的經驗，忘了這種飲食方式根本不適合我。為了維持那幾天的飲食，必須暫時切斷與朋友和家人之間的往來、遠離社交活動，因為我會一直處於很飢餓的狀態，但我的計畫又不允許我吃代餐以外的任何東西。

另一方面，就算我瘦了，我也不曉得該怎麼維持自己的體重。因為減肥期間，每週都必須舟車勞頓地去倫敦另一頭的瘦身中心報到，待專員評估完我的狀態，再向她購買我接下來一週所需的代餐包。到了冬天，這樣的通勤更是挑戰意志力。即便我能成功執行這份飲食一週，到了下一次要去評估狀態時，我可能就會因為下雨這樣簡單的事情，開始出現這樣的內心對話：「外面太恐怖了，我無法頂著這樣的風雨去找專員評估減肥計畫，只有一頓沒吃代餐不會怎樣，等明天風雨停了，我再去找她。嗯……，那這一餐我要吃什麼呢？或許我可以藉機把上週想吃的每一樣食物都嚐過一遍……。」

然而，隔天早上醒來時，我又會為自己的所作所為感到懊惱，並無限輪迴這樣的情況。**我一直以為，如果很多人都證明某一個飲食計畫很有效，但我卻無法從它身上獲得效果，就表示我有哪裡做錯了，而不是這個飲食計畫不適合我。**

事實上，從想要保持動力的角度來看，打從選擇用流質飲食來減肥時，我就為自己埋下了失敗的種子，因為這套方法根本無法激起我的鬥志，且我的負面對話更成為助長失敗的沃土；每當我感到脆弱的時候就會吃得更多，而我吃得更多就表示我會胖得更多，而我胖得更多就表示我要買更多代餐……，然後就如各位所見，這一切會陷入一種無法跳脫的可怕輪迴。

了解你的行為模式

在回想自己減肥失敗的經驗時，我還注意到，如果晚上出去喝酒，即便只是小酌，也會讓我無法堅守原本的飲食計畫。我會在回家的路上大吃速食，然後第二天早上，我會因為自己已經「毀了」整個計畫（而且我還會呈現脫水、無力的狀態），又放縱自己吃一大頓油膩的早餐，接下來我的飲食就會徹底失控。

然而在繪製這張「我搞砸計畫的原因」地圖時，我才意識到，是「酒後的食物選擇」拖垮了我的減肥計畫，並且這一次次的失敗都不斷將體重帶往新的巔峰，讓我變得比減重前更胖。因此，我學乖了，現在我只會在冰箱裡擺放能安心食用、不會因吃下它們就產生罪惡感的美味食物。從心理層面來看，這樣的安排有助我堅守飲食計畫，因為就不必擔心自己享用美食的舉動，是否會搞砸我的飲食計畫了。

繪製「我搞砸計畫的原因」地圖

繪製這張地圖時，需要花點一些時間去反思過往經驗，從中釐清哪些方法對你根本沒有用。這個過程有助去蕪存菁，排除掉那些你曾親身嘗試，但證明無法持之以恆的策略。有些人可能只能從過往的一、兩次經驗中，找出可列在這張地圖上的原因，但有些經驗豐富的人（像我這種有飲食問題的人），就可以透過這個活動找出很多搞砸計畫的癥結點。

首先，請你在空白的頁面中間寫下「我搞砸計畫的原因」，並在其周圍畫一個圈，框住這幾個字。接著，寫下任何你認為在過去曾搞砸過你計畫的原因（可參考一三四頁的地圖範例）；也可以透過下列問題，幫助自己找出那些原因：

- 執行過哪些計畫？
- 這些計畫的哪些元素不適合我個人的情況？
- 有哪些情況或事件會讓我脫離計畫正軌？
- 事情剛開始脫序時，為什麼無法及時拉回正軌？
- 不再認為自己有改變的能力嗎？如果有，為什麼？
- 不再認為這件事有改變的必要嗎？如果有，為什麼？發生了什麼事？

小叮嚀

完成這張地圖後，你或許會因為這樣深度地拆解、探討過去的失敗經驗，得到更多落實計畫的動力。如果有，請再次拿出你的「我全力以赴的時刻」地圖，花幾分鐘的時間，把這些對你有用的新體悟補上去。

請參考這張範例，動手繪製出專屬個人的地圖吧！

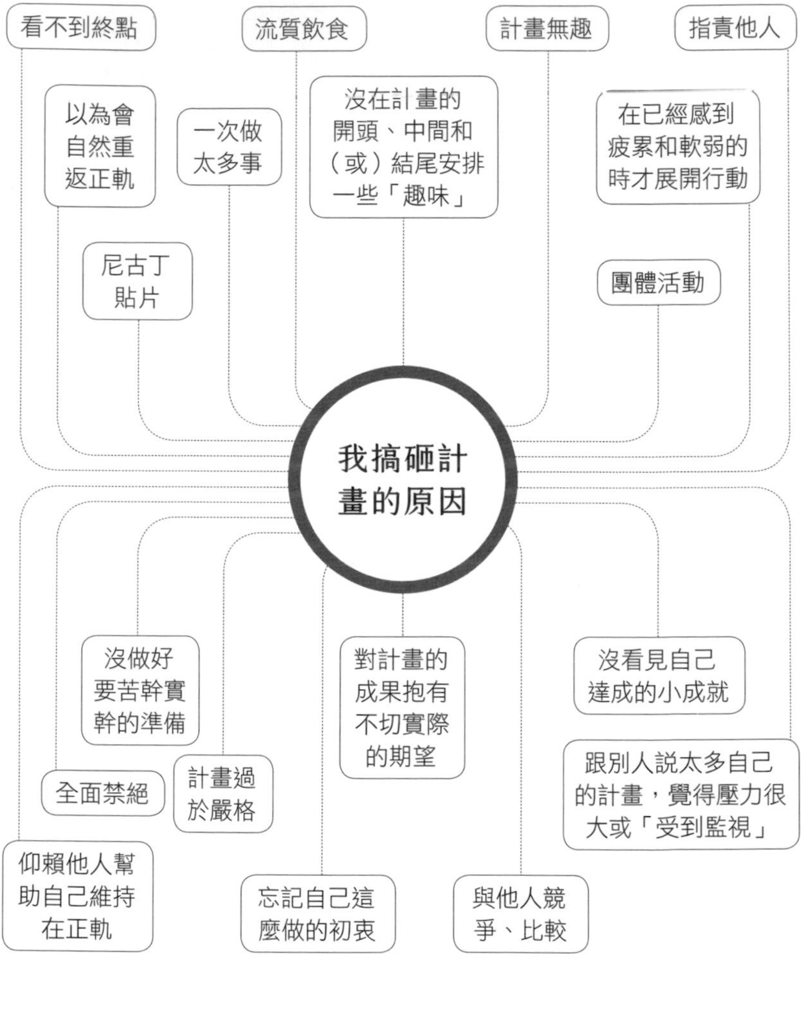

困難來臨時的自我對話

建議進行本節地圖前，先給自己充分的時間和空間反思。另外，也要考慮一下，在完成這張地圖後，要做些什麼撫平情緒；因為製作這張地圖的過程中，需要想到一些可能會令你心煩意亂的事情；這是一段「先苦後甘」的過程，基本上只要挺過那段艱難的時光，就能擁有更敏銳的自覺力。

原則上，檢視與自我的對話是「自我善待法」最重要的元素之一。不否認我們無法達成目標的原因，除了本身的內在因素外，也與外在因素有關。不過，我堅信，我們對自己的看法、對環境的解讀，才是決定是否會破戒、重拾過往習慣或堅守計畫的核心。

另外，遵循「自我善待法」的理念執行計畫，意味著你目前所執行的計畫都是量身打造。這表示，你要知道自己何時會處於積極的康復狀態（active recovery），無論這個「康復」對你的意義是什麼。

稍後本書帶著各位擬定計畫時，就會告訴你該如何依據自身狀況，定義專屬的「康復」、「破戒」和「復發」標準。事實上，當覺得自己的習慣已經成為一種反射動作時，似乎就能非常明確地將「復發」定義成以下過程：

- 面臨著某個意料之外、會使我們無法按照計畫進行的高風險情況，例如：一個會考驗決心的事件、想法或感覺。
- 那個破戒會讓使整體的狀態發展成跟先前一樣或更糟的復發狀態。

然而，若把整個過程拆解得更仔細來看，會發現其實際運作過程如下：

面臨著某個意料之外的高風險情況＋對這個情況的解讀會產生兩種可能性：

懸崖勒馬（＋提醒自己不要對現狀自滿，並有機會提升抗壓性）

或

破戒（＋降低自信心、自尊感）

如果是破戒，不是懸崖勒馬，還會產生兩種可能性：

- 你對自己的看法讓你把一時的破戒發展成所謂的復發

或

- 你對自己的看法讓你把自己拉回正軌

自我破壞的背後原因

我與個案的對話多半都是以「自我破壞（self-sabotage）」這個主題為主軸，與他們討論其為什麼會發生。一般而言，一旦探索了這一點，就會發現它發生的原因與自我價值感低、對自己有能力徹底改變缺乏信心，或低估了他們短期內可以承受的不適感有關。

雖然找藉口重回舊有舒適圈的舉動可歸因於「自我破壞」心態，但若簡單來看，會產生這些舉動其實多半是出於一個更基本的原因。是的，改變者本身似乎就是他們在改變之途上「最大的絆腳石」，尤其是在改變初期；因為他們會想要盡快消除改變所帶來的不適和未知事物。

正如稍早在前言所提到的，這種迴避的心態往往就是使我們忍不住重拾舊有習慣的主因。換句話說，如果能想辦法排除那些因改變所帶來的短暫不適，那麼哪還有人想要扯自己的後腿，不讓自己過上想過的生活呢？

在「自我善待法」中，將仔細檢視自己在面對高風險情況時，對這些情況的解讀，並好好聆聽我們偏離正軌時，為自己提出的辯解。儘管提出的這些「藉口」可能會非常具有說服力（特別是當我們沒有明確將它們說出來或寫下來的時候，因為說和寫的過程，能幫助我們看透這些藉口，大幅消除它們扯後腿的力量），但依我的經驗來看，只要能化解我們心中那些質疑自我價值和自我能力的聲音，就能讓自己有更大的力量堅守改變計畫，尤其是在遭逢瓶頸的時刻。

探究那些負面的自我對話

讓我們用充滿好奇心的角度，好好探究一下可能使我們走回頭路的內心話，再問問自己，這樣的自我對話是從何時開始的，以及是什麼讓我們對這些話如此深信不疑（儘管事實並非如此）。

在輔導個案的過程中，我經常會用到「探究」（investigation）、「觀察」（observation）和「好奇心」（curiosity）等字眼；這是因為要提醒個案，**不要將這一個過程視為一種「討伐自我」的舉動，這一點非常重要。在此過程中，我只是要你了解你有這樣自我打壓的習慣多久了。**

是的，當我們把注意力聚焦在某個已維持一段時間的習慣時，有時就會發現某些我們不樂見的事物。這些事物也許是有意識到，我們已經想改變這個習慣很久了，或是這個習慣已經演變到某種程度的事實。但是，過度地在這些地方上鑽牛角尖也可能造成反效果。我的個案就常跟我說，他們在意識到食物或藥物對自己有多麼糟糕的瞬間，反而會衍生出一種自暴自棄的心態，放任自己大嗑它們。

為此，我經常告訴個案，在探究個人想法時，要把自己想像成一個局外人，從遠處觀察自己；或者，想像自己是在看一部以自己為主角的電影，在那裡他們可以清楚地聽到自己的想法、看到自己的舉動。在無法透過這些觀察評判或感覺到相關感受、做出應對的情況下，我會請他們用充滿好奇心的心態，靜觀其變。以我個人為例，在度假期間可能就會為了堅守我的減肥飲食計畫，聽見和出現這樣的想法：

「登機時，莎魯已做好度假的準備，覺得自己充滿動力。她相信自己在度假期間依然能堅守減肥計畫，健康飲食並保持活動。但就在她入座機艙座位，意識到自己胖到無法讓托盤桌平放，只能讓它靠在她肚子上的時候，內心就出現了這樣的想法：『我真不敢相信會讓自己胖到這種地步。那現在我是在開什麼玩笑，竟然以為像我這樣軟爛的人有辦法堅守這份計畫？讓我們面對現實吧！我根本沒有能力做到這件事，我的狀態並沒有我想像中那樣好。況且，就算我真的設法減到了理想的外貌（這不太可能，因為我並不是個積極進取的人），肯定還要花上好幾年的時間才能讓自己用自信的態度面對眾人。再者，這是一個不切實際的計畫，因為根本沒人會在度假的時候節食。減肥的事就等我度完假再說吧！』

然後，她開始在飛機上大吃特吃，把過去幾天沒吃過的東西全吃過一遍。接著她又選了幾部悲傷的電影觀看，所以在飛機上的絕大多數時間，她都在一把鼻涕、一把眼淚的狀態下度過。飛機落地後，她又在機場吃了點東西，此刻她腦中快速想著：『妳不應該這樣做，一點自制力都沒有，為什麼妳就不能跟其他人一樣，可以吃飽了就不再把食物往嘴裡送？拜託妳，搞清楚自己的狀況！』

整個度假期間，她的情緒都大起大落，對自己非常苛刻。我還注意到她似乎沒有特別打扮自己，穿上她原本帶來要拍網美照的衣服，或是如她先前說的那樣，撥出一點時間讓自己在異地散散步。她只是不斷用一些其他的事情來分散自己的注意力，例如：不斷檢查手機。這真的是一件很值得探究的事，因為她竟然為了飛機座上的區區一個托盤桌，讓自己重回過去的飲食模式，還讓自己胖了快七公斤，而這一切，都與她內心小劇場在那邊大肆說自己壞話的習慣有關。」

如何正向自我對話？

把改變習慣的過程當作是一場了解自我的研究，可以使你用一種比較學術、客觀的角度，去看待人生中經常出現的舉動，並針對它們擬定對策；也就是說，你會對自己多一點理解，少一點苛責。待習慣用這種方式觀察事物後，就會很清楚地發現，那些負面對話引起的一連串自我破壞骨牌效應速度，有多麼快速。

套用上面範例的情境，若是用「自我善待法」的方式來觀察自己，那麼情況可能就會變成這樣：

「哦，不，托盤桌似乎沒辦法徹底放平。莎魯確實是擔心過這種情況，不過真實發生還是讓她有點不開心，因為一直以來她都努力地在改變她的飲食習慣。此時她腦中有個聲音說話了：『妳早就知道在減肥這條路上會面臨很多挑戰，而這就是其中之一。別忘了在地圖上寫過的內容，這種讓妳覺得還有漫漫長路要走的感覺，就是妳視為減肥高風險的情形。

請相信自己絕對可以克服眼前的挑戰，因為過去妳已征服過很多挑戰！另外，妳也值得擁有想要的東西和自在的感覺。這趟航程會是妳減肥的艱難挑戰，但請想像一下落地時，知道自己沒在機上暴飲暴食一堆不健康的食物，會有什麼感覺。除了靠繪製的地圖來支持、堅守飲食計畫外，妳還可以做些什麼讓自己好過一點？也許看些有趣的影片是不錯的選擇。人心情好的時候，就會做出好的決定，但現在妳的心情不太好，所以會有這樣負面的想法也是情有可原！無論妳現在是否有偏離計畫的正軌，接下來的幾個小時都會很快過去。從現在開始的一個星期，妳會希望自己的整體狀況往哪個方向走？妳該做些什麼事？

這不是一件輕鬆的事，但這是一件妳做得到的事。對的事總是不太容易堅守。但妳有選擇的權利，能做出一種善待自己的選擇。別讓飛機的托盤桌破壞了妳愉快的假期。』」

在這裡，可以看到改變自我對話方式的方法，並明白在有自覺力的情況下，可以把那些高風險情況化為一種警訊，提醒自己用一種「善待自己」的方式，幫助自己更快到達想去的地方。

在努力讓自己不要從「破戒」狀態演變成「復發」狀態時，這些自我對話對你的影響力更是尤其重要，因為它們是決定你接下來採取哪些行動的關鍵。「我已經搞砸這一切了，我真是個軟弱的人，我投降了！」和「這只是我短暫的失誤，它讓我上了一課，現在我已經重回正軌了」這兩種不同的想法，就會讓「破戒」往兩種截然不同的方向發展。

繪製「困難來臨時的自我對話」地圖

—第一步—

首先，在空白的頁面中間，寫下這張地圖的主題，並在其周圍畫一個圈，框住這幾個字。接著，以此主題為中心，在四周的空白處，任意寫下你沒做成某件事時會對自己說的話，並用一個一個圓圈框住寫下的每一件事（可參考一四七頁的地圖範例）。

這張地圖的目的，是收集你在感到軟弱和低落，或做了某些會讓你立即感到後悔的舉動，或發現事情比想像中還困難，或沒有按照計畫進行，或做了任何會讓自己感到失望的行為時，你會對自己說的內心話；也就是「評斷自我」的話。

為了幫助各位回想面對上述情況，是用什麼樣的方式對自己說話，以下，列出了一些我以前常用的自我對話方式，以及我的個案常告訴我的自我對話方式。不過若在還沒看到下列範例前，心中就已經有了想法，就請先記下心中的那些想法，再閱讀以下的範例激盪出更多關於這方面的想法。因為每一個人都有一套獨一無二的經歷，自然也就會發展出一些特別的信念和預設立場：

- 「我當然不能堅守計畫，因為我……。」
- 「像我這樣的人根本沒有辦法改頭換面，因為我們太……。」
- 「我就是那種……的人。」
- 「即使我能做到這件事，我也絕對無法達到……的境界。」
- 「就是這些特質讓我異於常人，不配得到我想要的……。」
- 「有些人天生就動力十足，但我……。」

─第二步─

現在，請仔細閱讀這張地圖，看看自己在偏離正軌之際，會對自己說出怎樣的話。如果能大聲把這張地圖上的內容念過一次，能讓它發揮更大的影響力！

另外，思考說出這些話的語氣，以及這些話出現在腦海的時機點。然後想像一下，如果在改變習慣的過程中不小心做了什麼有違計畫的事情，這張地圖的內容是否能為你加油打氣、堅定信念，盡快抓回步調，重回計畫的正軌？

最後，在閱讀這張地圖的每一個字或陳述時，請問問自己：

- 我什麼時候開始覺得這是真的？
- 有人跟我說過，這句話的陳述如實反映出了我的狀態嗎？
- 我不是一生出來就這麼看待自己，所以我的這些想法是從哪裡來的呢？如果你記得有誰跟你說過，這句話的陳述如實反映出了你的狀態，那麼請想一下那個人是誰。是師長、父母、伴侶、朋友，還是某個兄弟姐妹？

如果在思索這些問題的過程中，體悟到了一些以前從未想過的事情，請把這些新的見解記錄在「困難來臨時的自我對話」地圖的背面，或另一張空白紙上；因為它們都能幫助你更加了解自己。

請參考這份範例，動手繪製出專屬個人的地圖吧！

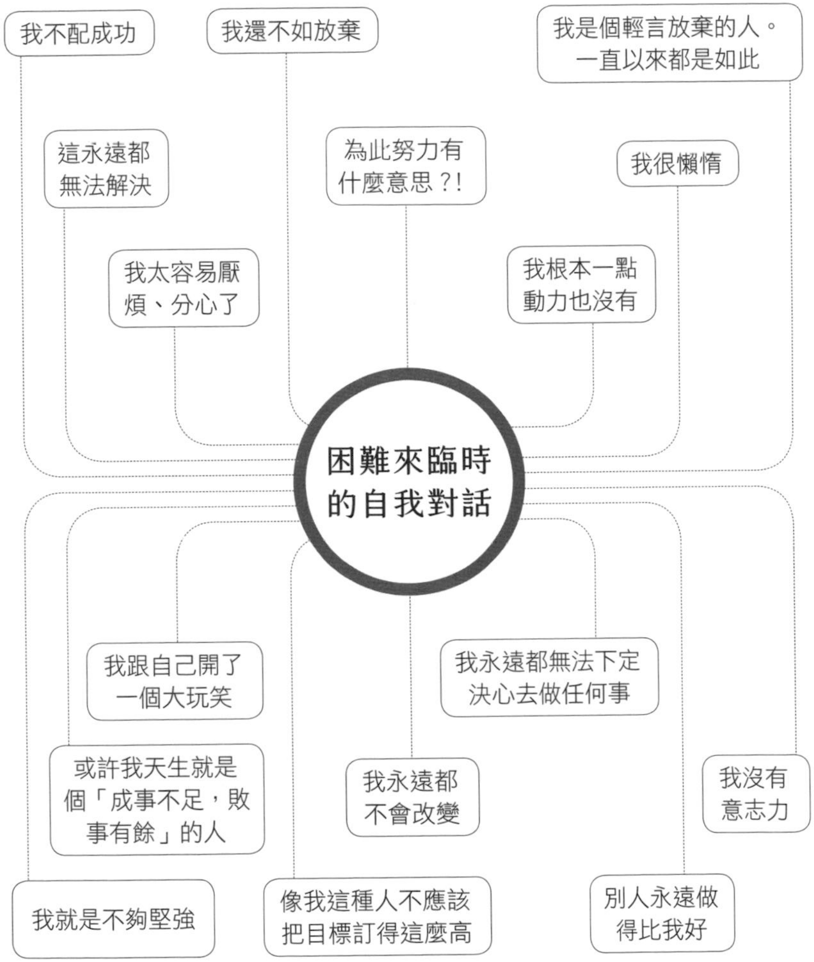
我不配成功
我還不如放棄
我是個輕言放棄的人。一直以來都是如此
這永遠都無法解決
為此努力有什麼意思？!
我很懶惰
我太容易厭煩、分心了
我根本一點動力也沒有
困難來臨時的自我對話
我跟自己開了一個大玩笑
我永遠都無法下定決心去做任何事
或許我天生就是個「成事不足，敗事有餘」的人
我永遠都不會改變
我沒有意志力
我就是不夠堅強
像我這種人不應該把目標訂得這麼高
別人永遠做得比我好

不再被舊有的負面聲音綁架

如果其他人告訴你，你寫下的任何負面文字或陳述都如實反映出了你的狀態，請你仔細回想這段文字所說的情境，並想一想它與此刻的生活有多大的相關性。你認為，告訴你這個信息的人能決定你能否達成目標嗎？他們的價值觀跟你一樣嗎？他們的意見和那些勇於挑戰惡意標籤的人一樣重要嗎？他們的意見是否重要到，足以阻擋你實現想要和值得擁有的目標？

我最近輔導的一位個案，在表述自己的整體狀態時，經常會說出一些背離真實的陳述；因為我對他完全沒有這樣的想法。

比如，他會說：「如果我沒幫助和送禮給大家，大家就不會喜歡我。」不過，在我溫和地對他的這番假設提出質疑後，他才終於發現，他之所以會有這樣的想法，是源自於兒時求學階段很難交到朋友的陰影。現在這個人已經邁入四十歲大關了，身邊早已不乏朋友和同事，而事實也一再證明，他們並不是為了他的幫助或禮物才與他往來。硬要說的話，他們倒是經常告訴他，他應該更重視自己，不要老是把別人的事都攬到身上。由此可知，他們並沒有用他施予的小惠來衡量他這個人的分量。那麼，這三十年來他心中為什麼會一直存在著這樣的假設呢？

很多時候，**我們會將某人很久以前對我們說過的某件事，內化成自己的一部分，且從來不會停下腳步去質疑這件事的真實性**；從專業的角度來看，這意味著要我們接受自己已經做出了改變，似乎是一件不太容易的事。我注意到，要讓個案承認自己的正向轉變，從他們現在的技能下手，會是比較容易的方法。例如「雖然五年前我對管理一竅不通，但現在我已學到了有效的管理技能，也管理著一個十五人的團隊，所以我覺得現在的自己是個不錯的經理人。」

好，現在讓我們花點時間再來思考一下，「困難來臨時的自我對話」地圖上，那些曾經能如實反映出個人狀態的陳述。例如，你小時候或許有許多嗜好，卻樣樣不精。首先，這件事為什麼這麼糟糕？為什麼會覺得這表示你是個「善變」的人，而不覺得這表示你是個知道自己不適合什麼、勇於嘗試新事物的人？

現在，再問問自己，即使這張地圖上的那些話曾如實反映出你當時的狀態，但此刻這些話仍能如實反映出你現在的狀態嗎？以上一段的例子為例，我想在你的成年生活中，一定有過為某件事下定決心，並成功達成它的經驗，因此請花一些時間來挑戰這個假設；你可以利用我之前描述的「沙發類比法」，以及「我擁有的人格特質」地圖和「令我引以為傲的時刻」地圖去抗衡內心的惡霸。（如果你覺得現在的自己確實還是一個無法有始有終的人，或許可以問一問自己，你的這番舉動是不是與你的心理暗示〔self-fulfilling prophecy〕有關）。

因此，如果你真的認為這當中的某些對話，不僅如實反映出過去的狀態，還持續如實反映了現在的狀態，那麼，你又該如何面對這些令你不快的狀態呢？就跟改掉不想要的習慣一樣，在這方面，「自我善待法」也能助你用更寬容的方式面對這些不足，讓你接受它們、探究它們，進而擬定出一份符合自身價值觀的改變計畫。

從接受那些不足，到實際展開行動去改變它們，可能需要花上一些時間。事實上，在這段期間，有些人的內心甚至會傳來一些「新的」負面聲音，殘忍地打擊其自信心，例如「你太軟弱了，想改變還要買本書來幫助你」或「這種對自己仁慈的東西可能對有些人有用，但對我沒用，因為我……」之類的想法。此時，請你好好聆聽和思考這些想法的可信度，探討它們的起源和真實性（即使它們是事實，也要自問它們是否真的有如你所想的那般糟糕）。

雖然，要靠這番探究徹底消除心中的這些想法是不切實際的目標，但它還是可以幫助你化被動為主動，驅逐這些想法，讓你不再迴避它們，不再為它們可能會對你造成的影響提心吊膽。畢竟，人本來就不是完美的，當然也不可能沒有半點缺點。在這裡希望你明白的，是我們必須用更客觀、公正的角度去看待這些想法，才能讓自己的餘生活得更平衡、更自在。

事實上，隨著我們對這些針對自己的負面想法和假設的自覺力漸增，在關注它們的內容之餘，通常也會注意到我們有多常用相同的手段殘害自己。

迴紋針挑戰

有位曾受我培訓的護理師，跟我分享了一個小訣竅，這個小訣竅幫了她很多患者的忙（現在它也幫了我很多個案的忙）。

她說，為了幫助她的患者改掉他們負面的自我對話的方式，她會請他們每天在某個口袋裡放入三十個左右的迴紋針。接著，一天之中，只要他們發現自己說了什麼會讓自己感到難受的話，就要取出口袋裡的一個迴紋針，把它放到另一個口袋裡。待一天結束清空口袋、清算迴紋針的數量後，就會知道自己有多常用這樣苛刻的方式對自己說話。

在當事人已經知道這個行為會對他們產生多大傷害的前提下，這種把他們做這件事的頻率，用實物（迴紋針）具體量化出來的視覺震撼，多半能有效降低他們第二天放入第二個口袋的迴紋針數量。

自從我把這套方法介紹給我的個案，許多人都發現其對他們非常有用。有些人還會在家裡到處放置透明空罐，然後每當聽到自己說了什麼會讓自己感到難受的話，就會往裡頭扔一顆鈕扣或彈珠，藉由這樣強烈的視覺畫面提醒自己，這種習慣對他們的影響有多麼深刻。

小叮嚀

我們心中都存在著某種核心信念，然而，這當中的部分信念可能是來自童年非常痛苦的經歷；要改變它們，必須採取更有力的行動，比如接受專業人員的輔導治療。我的一小部分個案，其實早就知道他們的狀況可因一對一諮詢獲得改善，但他們卻一直不願面對這個事實，導致他們在來找我之前，只能不斷把他們想解決的問題視為一種「常態」。在這種情況下，「自我善待法」能有效幫助他們探究自己為什麼不斷閃避諮詢這件事的原因。

就誠如要實現任何目標一樣，我們會在他們的行動計畫中寫下「尋找和接受諮詢」這一項，以先發制人的方式，避免他們落入會使其偏離計畫正軌的高風險情況。再次強調，「自我善待法」的重點並不在於告訴你「應該」怎麼做，而是要引導你擬定出一套可以持之以恆執行的實際計畫；換言之，它要做的不是直接給你魚吃，而是傳授你釣魚的方法。

我會對受挫的家人朋友說的話

對許多個案而言，本節要做的活動確實能讓他們明白，為什麼他們沒有辦法讓改變持之以恆。在先前的段落中，已經探討了用更友善的態度對待自己的重要性，因為這會反過來影響我們的行為，並決定我們在那些自覺軟弱的時刻，可以展現出多大的抗壓性。

繪製「我會對受挫的家人朋友說的話」地圖

—第一步—

請先在一頁空白頁面的中央，寫下一個家人或朋友的名字，然後在其周圍畫一個圈，框住這幾個字。你對這個人別無所求，只是一心希望他能成功，因為你認為他值得達成他為自己訂下的任何目標。

記住，一定要明確寫出他們的名字，這對這個活動很重要。

—第二步—

想像一下，你寫下名字的那個人正嘗試做一些對他來說極具挑戰的事情，眼裡只盯著他最嚮往的那個目標。他十分篤定，貫徹他為自己訂下的這套計畫能讓他的人生升級好幾階。

你知道這不是一件容易的事，一定需要付出相當多的時間和毅力。而面對這樣的挑戰，其實他本人也沒什麼把握，因為之前他就做過幾番嘗試，但當時他都沒能貫徹計畫，如願達成那個最終目標。他來找你時，心中只有一股希望破滅的感覺，整個人顯得既疲憊又缺乏自信心。他確實已萌生舉白旗投降的念頭，但即便如此，比起無法徹底改變的絕望，他更討厭那種對未來無所作為的感覺。

請在你框起的那個名字周圍，盡可能寫下你會對那個人說的話，並將這些或許能幫助他們堅守計畫、堅定信念朝目標前進的話，用一個一個圓圈框住。可以用以下兩個問題進行思考：

- 你會怎麼告訴他，他是個怎麼樣的人，以及他有什麼能力。
- 你認為哪種話或建議，最能幫助到他。

仔細檢視你所繪製的地圖；眼前所看到的，大概就是各種激勵人心的方法。現在，好好檢視前一節「困難來臨時的自我對話」地圖，並將兩者並列在一起比較，仔細觀察它們之間的差異。如果發現本節的地圖是由滿滿你知道可以讓人堅守計畫、正面積極、振奮人心的文字組成，而前一節的地圖，卻是由滿滿的負面文字組成，你應該就不難明白，為什麼你會一直覺得改變這麼困難。

然後，現在該怎麼做？

對學習善待自己的初學者而言，想推翻你向自己提出的苛刻言論，現在，除了能透過前面幾節的地圖提醒自己的長處和成就外，還能用本節的地圖提醒自己「我不會用這種方式對其他人說話」。

當你做了某些希望自己沒這麼做過的事時（例如，把鑰匙鎖在車子裡了，或說了一些你不該脫口而出的話），你可以因為意識到自己產生了這種不公平的自我對話，而開始主動排除這種負面的內心狀況。也就是說，與其花好幾個小時的時間不斷在內心責難自己，倒不如用這個時間好好思考，如果今天有個朋友告訴你，他做了某個跟你情況類似的舉動，你會如何回應他。

例如，他們打電話告訴你：「我的兄弟對我不會去參加他的婚禮這件事非常不高興。這讓我又內疚又不安，但我又知道這對我來說是個正確的決定。這件事真的是搞得我好煩。」我想你應該不會這樣回答他的煩惱：「你應該為此擔心一整天。說不定他永遠都不會再跟你說話了。也許你應該再考慮一下你的決定，至少這樣就不必被可怕的罪惡感綁架。」

相對的，你大概會說類似的這番話安撫他：「他會不高興是正常的，但你知道這對你來說是一個對的決定，所以就讓你自己喘口氣吧！」

跟「困難來臨時的自我對話」地圖一樣，若能大聲唸出這張地圖上寫給朋友的建議，還能讓這張地圖發揮更大的影響力。對許多人來說，親耳聽見我們對外與他人說話的方式，和對內與自己對話的方式竟然有如此大的差異，是非常震撼的。

許多個案，在意識到自己沒有以他們對待別人那種大方不計較、充滿同理心和善解人意的態度對待自己時，整個人就會出現極大的轉變。雖然我知道要改變自我對話的方式，可能會是件非常艱難的挑戰，但請不要抗拒這樣的轉變，只要有心改變，這種換個角度思考的活動就能幫助你。因此，日後若心中又浮現自己不配得到某樣東西，或是基於某種原因應該被排除在外的想法，請試著對它們提出質疑。

透過角色扮演的心態去執行

在對付知道日後會令你感到後悔的渴望或誘惑時，這種「換個角度」思考自身行為的活動，同樣有助逃離破戒的命運。

某位個案在他的第一個孩子誕生後，興起了戒菸的念頭。當時我請他花一天時間把自己當成是他的孩子，然後用他希望他的孩子對待自己的方式，對待他自己。儘管這個方法聽起來很簡單，但我已經數不清看過多少想要「再抽一天菸」的戒菸個案跟我說，當他們心中出現這種想法時，他們就一點也不想抽菸，同時，身體的戒斷症狀也會自然降低，讓他們覺得自己更有能力做出與其價值觀一致的行為。

換句話說，雖然他們是把自己當成別人去做自己想做的事，但隨著時間的推進，最後他們都又驚又喜地發現，自己真的做到了過去他們想要做到的事。無可否認地，這個活動算是有點「作弊」，因為一開始並不是以自己為出發點，去關心自身的健康，但最終這套角色扮演的過程還是能讓我們從中學會善待自己健康的方法。雖然長期用黑漆漆的肺臟圖片刺激，或許也能讓你嚇到不敢抽菸，但這不符合「自我善待法」的精神。坦白說，面對我們想改掉的習慣，人人都想盡快展開行動，並看到實際的成果。不過在感受到改變帶來的成就感之前，必然要先挺過最初那段會讓我們感到不適的階段。因此就算這個活動有點作弊，但只要它能帶給你力量、增加改變初期的抗壓性，也沒有什麼不好。

最後為了發揮「我會對受挫的家人朋友說的話」地圖的最大影響力，請將它直接與「困難來臨時的自我對話」地圖放在一起比較，進而有效提高改變的動力。

請參考這張範例，動手繪製出專屬個人的地圖吧！

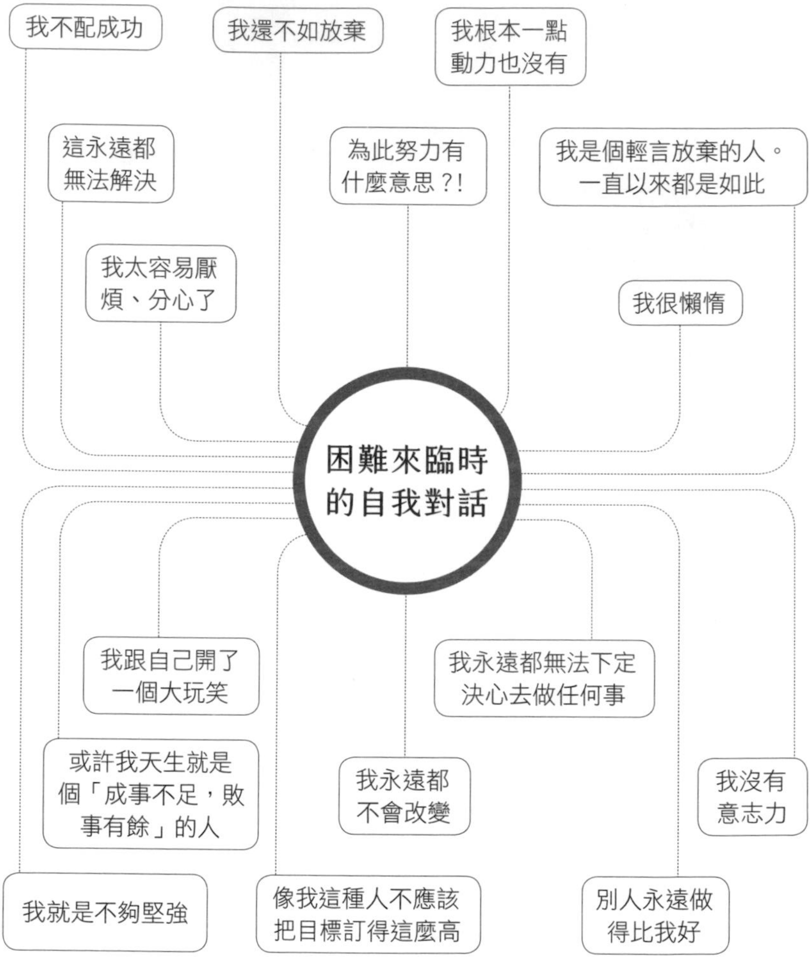
困難來臨時的自我對話
我不配成功
我還不如放棄
我根本一點動力也沒有
這永遠都無法解決
為此努力有什麼意思？!
我是個輕言放棄的人。一直以來都是如此
我太容易厭煩、分心了
我很懶惰
我跟自己開了一個大玩笑
我永遠都無法下定決心去做任何事
或許我天生就是個「成事不足，敗事有餘」的人
我永遠都不會改變
我沒有意志力
我就是不夠堅強
像我這種人不應該把目標訂得這麼高
別人永遠做得比我好

請參考這張範例，動手繪製出專屬個人的地圖吧！

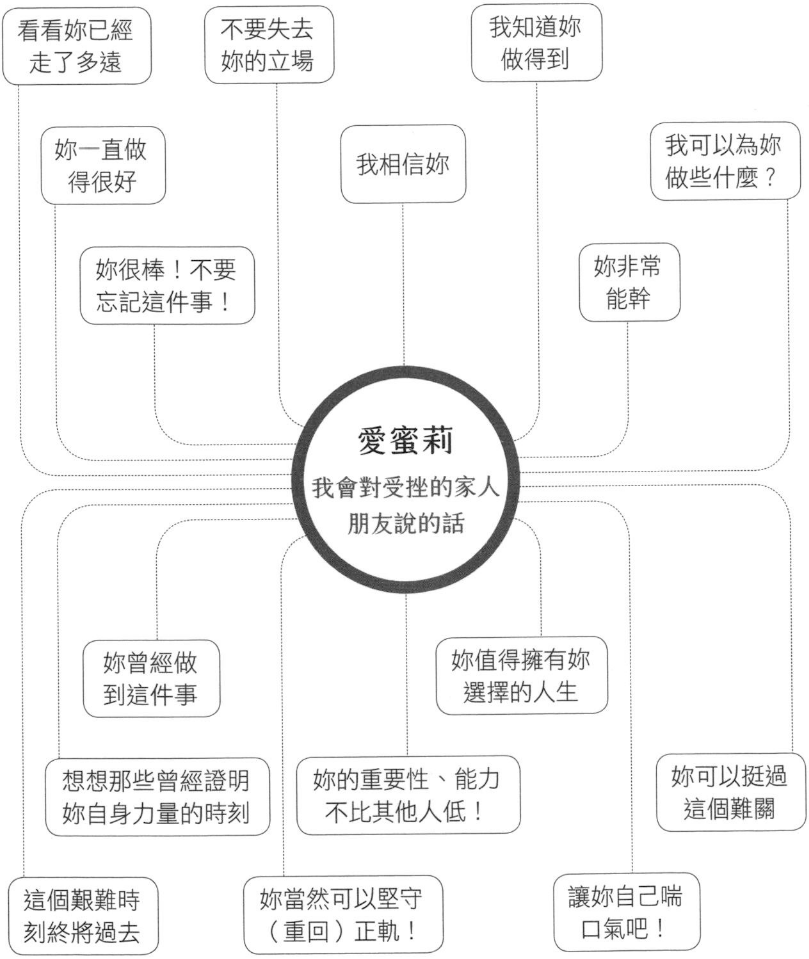
愛蜜莉
我會對受挫的家人朋友說的話
看看妳已經走了多遠
不要失去妳的立場
我知道妳做得到
妳一直做得很好
我相信妳
我可以為妳做些什麼？
妳很棒！不要忘記這件事！
妳非常能幹
妳曾經做到這件事
妳值得擁有妳選擇的人生
想想那些曾經證明妳自身力量的時刻
妳的重要性、能力不比其他人低！
妳可以挺過這個難關
這個艱難時刻終將過去
妳當然可以堅守（重回）正軌！
讓妳自己喘口氣吧！

我的壞習慣有什麼殺傷力？

在本節，將開始釐清你想要改變的主要習慣，並找出與它相關的所有習慣。接著，就會把這些想要改變的部分，拆解成具體的目標。不過，在此之前，請先試著將對頁的部分或全部句子寫成完整的句子，並將它們抄寫到筆記本中。至於要挑選哪幾個句子來完成，取決於你認為哪個句子最適合用來描述主要想改變的習慣。請記住，日後當你再次運用「自我善待法」執行其他計畫時，還是可以隨時根據當時的情況補充相關的內容。

萬事起頭難，運用本書實踐第一份計畫時，本來就需要花費比較多的時間和心力去學習整個過程，以及製作專屬的各種地圖。因此，在進行本節活動時，不必瞻前顧後的想太多，只要盡情寫下腦中任何與這張地圖有關的內容。之後若又想到了其他想要改變的地方，永遠都可以再回過頭去修正地圖的內容，將新的資訊寫在上面。你可以從生活的各個面向去思考想要改變的習慣，不論它們是屬於哪個層面，都可以將它們列在這張地圖中。

請以言簡意賅的方式，寫下想要改變的重點：

- 我想多做……。
- 我想少做……。
- 我想多點……。
- 我想少點……。
- 我想對……有更多的掌控。
- 我想要開始……。
- 我想要停止……。

最後，用一句話來簡單陳述想要改變的習慣，就是……

不喜歡的現狀有哪些？

本節的地圖能幫助你探討截至目前為止，你的壞習慣所帶來的負面影響有什麼。它會考量到你的行為對目前生活模式和周圍親友的影響力，看它們是如何讓你的狀況每況愈下（甚至持續惡化）。簡單來說，這張地圖彙整了生活中所有你不喜歡的地方，在上面可以找到各種你因為「做了」或「沒做」某件事，而直接導致的所有負面後果。

不少使用「自我善待法」來改變的人都會覺得，應該把這張地圖安排在更前面的章節。畢竟，我們總認為，只要經常把目光集中在我們不好的地方就能使我們改變；但，正如稍早提到的，我在輔導成癮者的過程中了解到一件事，即：如果我在與他們的第一次會談中，就把談話的重心放在他們的問題和習慣上，那麼他們可能會直接失去繼續接受後續輔導的意願；因為此刻的他們還沒建立足夠的自信心，**將這些負面資訊消化成有助他們改變自己的有用情報**。話雖如此，一開始就坦承我們為什麼要做出改變仍是一件很重要的事，且就整體來說，至少要知道，你所付出的這番努力能為自己帶來利大於弊的成果。

總而言之，我接觸過得大部分個案，不管曾有過怎樣的經歷，來找我時幾乎都處在一種「寧可為改變奮戰，也不願再讓自己一成不變的階段」。但是，人心變化莫測，事情當然不可能如你所想的那樣簡單。某些時刻，我們確實會覺得改變行為模式是我們可以想到最重要的事情；然而也有時候，我們可能就會因為想不起自己為什麼要花這麼多力氣改掉這些習慣，在短短幾秒之內就做出脫軌的舉動。這時，你的地圖就能派上用場，告訴你，到底是為了什麼在努力。

連鎖效應

最近輔導的一名個案，她很在意自己常在週六晚上使用娛樂性古柯鹼這件事。透過與她的對話，我可以很清楚地感受到，她並不是因為自己購買非法藥物的舉動、花費，或用藥當下產生的行為轉變感到困擾；儘管她也有提到以上這些顧慮（如果她有據實以告的話）。我觀察到她想長久擺脫古柯鹼的主要因素並不是它們，是因為言談間，她對買藥和用藥的過程仍有流露出非常「享受」的神情，覺得這是一個很愉快的活動。真正讓她感到困擾（興起強烈改變念頭）的，是在狂歡一夜後產生的副作用；她會有一段時間，時不時被焦慮、自我懷疑和對糖的渴望所折磨，有時候這段時間會長達好幾天。

我們一起檢視她的某些生活模式，發現她在每週的前半段，大多會處在一種焦躁、不斷檢查手機的狀態；此時，她很容易做出一些自我懷疑、降低其生活品質的舉動，例如：與社群媒體上的人產生比較心態、反覆思量手機裡尚未回覆的訊息、莫名擔心她的朋友會不會對她有什麼不滿，或是聯絡過去曾與她有過一段「有毒關係」的舊情人。

等到她終於不再感到焦躁時，她前幾天的焦躁也替她留下了一大堆爛攤子。比如：有待修復的友誼、需要處理的前男友、睡眠不足，以及對自己的這般「過度反應」而產生的強烈自我厭惡感。在這種情況下，即使她的生理狀態恢復到一個比較穩定的狀態，其內心對她這週作為的自我批判，還是會讓她的情緒呈現在一種極度低落的狀態。為了盡快擺脫這種低落的情緒狀態，你猜猜她會在下一個週六晚上安排些什麼活動？答案就是「嗑藥消愁」，於是上述情況就會再度重演。

事實上，這個案例也說明了，**不要把別人的價值觀套用在自己身上是一件多麼重要的事**。如果對你而言，比起非法購買古柯鹼這件事，你更介意使用古柯鹼後，它在三天後對你生活造成的重重危機，那麼在戒除古柯鹼時，後者才是應該特別關注的部分。

誠如稍早所說，相同的目標給不同的十個人去做，可能就會有十種完全不同方法；而這個專屬你的原因，就可以激勵你更快達成目標。換言之，一旦這位個案釐清了她的行為與生活模式之間的相互影響力，她就無法再忽視這股預測性十足的惡性循環。

之後，我們一起擬定了一套能讓她放手一試的可行計畫。在這套計畫的幫助下，她逐漸減少了使用古柯鹼的頻率，最後終於達成了徹底戒斷古柯鹼的目標。她會戒斷這個習慣既不是因為她不再喜歡古柯鹼，也不是她不再喜歡嗑藥後狂歡一整夜的感覺，而是因為每當她又想要投入古柯鹼的懷抱時，她都會拿出這份記錄著她種種低潮時刻的地圖，提醒自己不要重蹈覆轍。她會仔細閱讀她寫給自己的信，提醒自己為什麼必須停止這樣的生活模式。在某些她極度想要脫序演出的時刻，她會告訴自己「想想妳破戒之後，接下來的三天要過上怎麼樣的生活」。

她會開始全心全意地為自己著想，提醒自己，生活的各個層面都曾因使用古柯鹼受到很多負面的影響；她也會檢視其「令我引以為傲的時刻」地圖，此刻「戒斷古柯鹼」和「達成她從未想過會達成的目標」已成為這張地圖的一部分；而這樣的提醒又會反過來提升她的自尊感，讓她能以更友善的態度與自我對話。

除此之外，在戒斷古柯鹼的過程中，她也一併減少了飲酒量，因為她知道，戒斷古柯鹼的決心，一定會受到飲酒的影響降低，增加她去購買古柯鹼的風險。而這個情況再次應證了了解自我的重要性。一旦我們能坦承地正視自己的生活模式，並接受它們，就可以從一個更周全、更有力量的角度去改變現況，朝向我們覺得有價值的目標努力。

在動手完成本節地圖的時候，請參考這位個案的情況，去思考你的習慣和你的生活模式之間可能有著怎樣的相互影響力。一旦從這個角度去看待你的習慣，或許便能讓你萌生前所未見的改變動力。

繪製「我的壞習慣有什麼殺傷力?」地圖

—第一步—

先在空白的頁面中間，寫下這張地圖的主題「我的壞習慣有什麼殺傷力?」，並在其周圍畫一個圈，框住這幾個字。然後，以此主題為中心，在四周的空白處，任意寫下你認為的壞習慣(或所缺乏的好習慣)在生活中對你有什麼樣的影響，並用一個一個圓圈框住你寫下的每一件事。

若不知從何下手，可以回頭去看看你在第一章寫下的「寫給自己的信」，應該能幫助各位理出一個頭緒。請盡可能從生活中的各個面向去思考，此習慣對你的負面影響，例如:家庭、職場、健康、愛情、友情、個人發展、人生抱負、心理狀態、社交生活、自信心或生活品質等(可參考一七一頁的地圖範例)。

—第二步—

在列出你的習慣對生活造成的負面影響後，接著請用具體的分數評斷這些影響對你的嚴重程度，滿分為十分；十分代表它的影響非常重大，一分則表示無關緊要。在這裡，請不要被世俗的價值觀左右，認為哪一項影響「應該」對你影響最大，而是要用個人的實際感受，去評斷這些影響對自身的重要性。

小叮嚀

完成這張地圖後，或許會想到一些過去嘗試改變、卻沒成功的經驗；或是在過程中注意到，內心針對自己的負面舉動產生了哪些「不友善」的自我對話。如果有，請再次拿出「我搞砸計畫的原因」和「困難來臨時的自我對話」地圖，把這些資訊一併寫上去。

請參考這張範例，動手繪製出專屬個人的地圖吧！

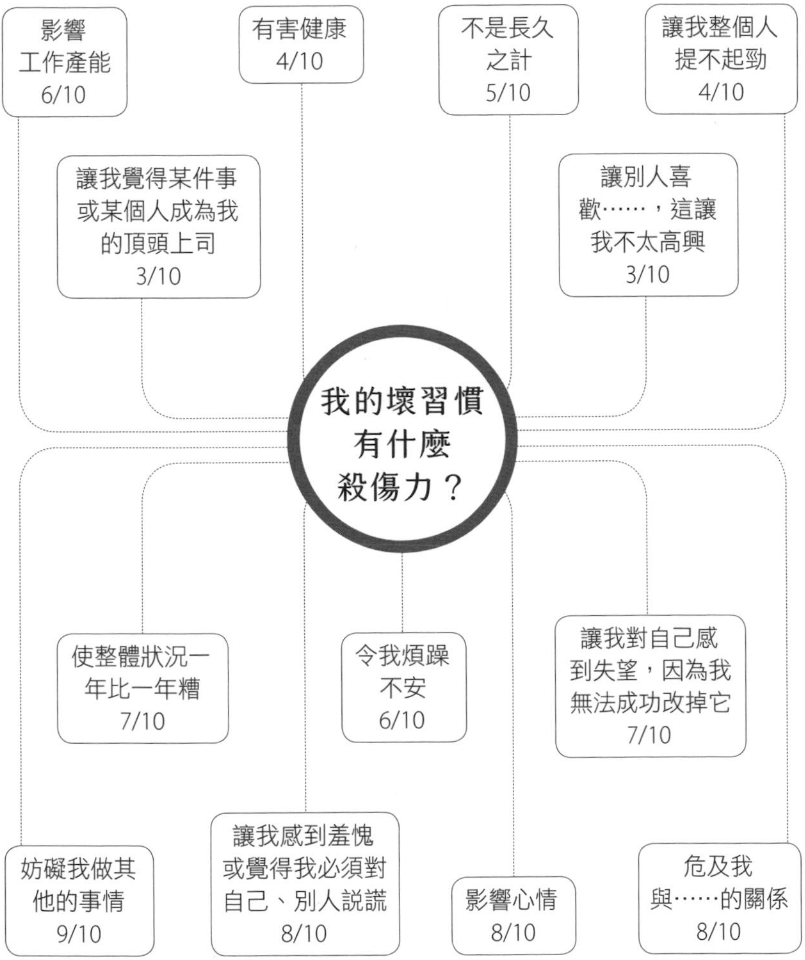

爲什麼無法改掉這個壞習慣？

有時候，壞習慣不單單只是個「問題本身」；同時，或許它們也曾經是你面對某些問題的「解決方案」。不過對大多數的人來說，只要我們萌生很想改掉某個習慣的念頭時，就很難再想到這些習慣有什麼可取之處。然而，**承認這些習慣曾經幫助過我們什麼，不但能讓我們以另一個角度去看待自己想要採納什麼樣的新習慣，還可以幫助我們強化善待自己的念頭**。

另外，在這個過程中，我們還會意識到自己並不是一個軟弱的人，而是為了達成某些（或曾經的）目標才採取某些習慣的人。也就是說，我們會發現在人生的各個不同階段，對自己眾多習慣的看法其實是取決於我們的「價值觀」。然而，一旦認定這些習慣不再能幫助到現階段的自己，自然會千方百計地想處理掉它們。

本節除了帶著你完成一張新的地圖，還會帶著你做另一項活動。如果可以的話，請一口氣完成它們。但如果無法，也請盡量在兩天內完成本節的所有活動。

對改變抱持觀望

「揭露」和「接受」我們必須保持不變的原因，以及我們需要改變的原因，都很重要。這會讓你自問：「為什麼我要對改變抱持觀望？為什麼我不能直截了當地做出改變呢？」

通常，我們想「改變」某些行為的原因都與其他人大同小異，不外乎是：改善健康狀況、增進人際關係、提升自信心等。但是，「保持現狀」的原因卻比較獨樹一格，而且比較不明確；有時甚至連自己都不知道是為什麼。因此，藉由揭露我們保持現狀的原因，能讓我們在嘗試改變現狀的時候考慮到更多面向；此外，藉由了解我們改變習慣的過程會慢慢開始脫離舒適圈，亦可以讓我們先針對可能遭遇的狀況，擬定相對應的策略。

在探討為什麼我們會持續做我們不想做的事情時，需要考量到三個問題：

——它曾經幫助過你，但現在已經不需要了？——

我經常聽到有人這麼說：「喝酒是為了讓自己對……比較自在，但等我對……比較自在後，我還是繼續喝。」如果這是你的情況，那麼它其實是個很好的開始。

我的個案在發現自己屬於這種情況時，常常會感到很高興，因為他們已經解決了他們當初採取這種行為的問題。這種頓悟有時候是靠輔導諮詢之類的明確外力所達成，有時候則是靠自我的年歲漸長、閱歷漸豐，變得更成熟和自信的內在因素達成。至於那些沒有意識到自己處於此情況的人，只是沒花時間去思考；這個習慣儘管已對他們不再有用或必要，卻仍然牽制著他們，因為它是，沒錯，一個習慣！

在這種情況下，他們通常都處在一種自動導航的狀態，而且有很長一段時間沒有去檢視自己的現狀。喝酒多半就屬於這種情況，我的個案會認為他們需要靠喝一、兩杯酒壯壯膽，才有辦法擁有足夠的自信去處理工作場合的交際，或在社交場合中與人搭訕（或發生關係）。因此，直到我們面談和製作了這些地圖，他們才會開始注意到，原來在沒有酒精的清醒狀態下，他們也經常做到類似（甚至是更具挑戰性）

的事情。於是他們會意識到，從實際面來看，喝酒只是一個他們需要打破的多餘習慣，並終止自己這種自動導航的狀態。

我的某位個案覺得這種狀態就像：一個因胸腔感染吃抗生素的人，在感染消失後仍持續服用抗生素（而且還服用了更高的劑量！）。然而，在那種情況下，還會有專業的醫療人員提醒我們該停止用藥了。可是在一般的情況下，許多人在過度和盲目從事某些行為時，根本不會時不時停下來反思一下，自己是否仍然需要這些習慣，以及它們對自己的影響力。

—它對你的幫助已經變低了，但你仍然需要它？—

我經常在老是戒不了菸的癮君子身上看到這種情況，他們每次想戒菸的時候都會到社區的物質濫用治療中心報到。他們會跟輔導者說，多年來抽菸一直都是他們放鬆身心、開闊視野和抒發煩悶的好幫手。但是，隨著對於菸品的耐受性越來越高，抽菸對這些方面的幫助也越來越低。事實上，對某些人來說，抽菸為他們分憂解勞的功用不但會越來越低，還會對他們產生完全相反的效果：成為焦慮的來源之一。

然而，不管抽菸無法再對他們發揮功用的原因是什麼，這些個案往往都有一個共同點，那就是：他們從未去開發另一個與抽菸同等有效，能幫助其放鬆身心、開闊視野和抒發煩悶的另一個好幫手。

—它對你還有幫助嗎？—

如果這個習慣並沒有對目前的生活造成任何問題，那麼顯然可以繼續保有這個習慣。你或許會很自然地假設，一個對自己目前習慣和處事方式完全滿意的人，不會因這本書受益。但是，即使是這樣的人，仍值得透過本書，仔細思考你還能用多少其他的處事方式適當地應對目前的生活狀況。

因此，如果這個習慣仍然對你很有幫助，但（現在或最後）想停止它或以它為中心養成新的習慣，也值得利用這本書思考一下，可以用哪些新的方法達成類似的目的。然而請注意，新方法不見得能發揮與舊有習慣一樣好的功效，至少在一開始的時候是如此。我已經親眼見證過不少這樣的例子，所以若想有效適應新的處事方法，在剛開始執行新方法時請不要急著改掉舊方法。理想的做法是，**把重點放在新**

方法上，透過練習讓它的功效越來越好、漸漸成為你的習慣，如此自然而然地使用舊方法的次數，就會慢慢減少。

要真正了解為什麼會有那些你不想要的習慣，以及如何改變它，需要花點時間「研究」，看看它對你有怎樣的幫助，以及你對它有什麼不滿意之處。如此一來，就可以「用多一點同理心、少一點懲罰性」的手段來發掘自身需求。

舉例而言，假如你是個習慣用酒精來緩解社交焦慮感的人，此刻或許需要花點時間去反思自己的長處，設法提高自尊感，並質疑那些從青少年時期就一直駐紮在心中的負面自我對話模式；又假如你是個習慣靠購物排解煩悶的人，此刻或許需要先好好思考，有哪些方法能幫助你短暫分散注意力、強化忍受煩悶的能力；接著再花時間去思考，該如何重新激發自己過往熱情和開發新嗜好的問題。

繪製「為什麼無法改掉這個壞習慣？」地圖

—第一步—

希望各位思考一下，現在難以擺脫的現狀，可能是受到哪些力量牽制。接著請在空白的頁面中央寫下「為什麼無法改掉這個壞習慣？」，並在其周圍畫一個圈，框住這幾個字。現在，請閱讀下一頁文字框內引導你思考此主題的句子。若有看到能引起共鳴的句子，請將它發展成一句完整的句子，任意抄寫在該主題四周的空白處，並在其周圍畫一個圈，框住整句話（可參考一八七頁的地圖範例）。

—第二步—

你覺得已經把現在想得到的原因都列在地圖上了嗎？好，接著請用分數評斷這些原因的重要性；評分方式跟「我的壞習慣有什麼殺傷力？」一樣，滿分為十分。

我保持現狀的原因

- 在……的時候給我慰藉。
- 能讓我做我想做的事，像是……。
- 幫助我避開或延遲我不喜歡的情況，例如……。
- 幫助我躲避我不喜歡的想法……。
- 在……的時候幫助我冷靜和放空自己。
- 在……的時候讓我有安全感，幫助我遠離……。
- 讓我比較好應對某部分的生活，像是……。
- 讓我覺得自己更能掌握某些事，像是……。
- 給我信心去做……。
- 給了我一種慶祝或慰問……的方法。
- 幫助我彰顯成就，例如……。
- 讓我覺得自己是團體中的一份子，例如……。

- 讓……之類的事情變得比較不無聊、有意思。
- 幫助我推遲我不希望或不認為我會做的事情，例如……。
- 是我熟悉，也是唯一知道的方法，因為……。
- 幫助我「對付」某些人，像是……。
- 比另一種方法的效果好，另一種方法會……。
- 讓我在……的場合，不必擔心自己與人交惡。
- 讓我不必跳脫舒適圈，我很擔心自己會……。

第三步

現在，請將「我的壞習慣有什麼殺傷力？」地圖與「為什麼無法改掉這個壞習慣？」地圖放在一起比較。你可能會發現，改變的原因會遠比保持現狀的原因多。不過，數量並不能決定一切，你還需要考量到這些理由對你的重要性。

打個比方，如果想要改變的理由有十個，保持現狀的理由只有一個，但在滿分十分的評分標準中，前者對你的重要性都只得到了五分，後者卻得到了十分，那麼這可能就是你難以做出改變的癥結點。而不論是否想要這個習慣，此舉都能幫助你認清這個習慣對你的重要性。

最後再次重申，「自我善待法」絕對不能取代專業的諮詢輔導。如果在這番探索中，發現自己避免做出改變的原因可能需要用到更專業的手段來排解，那麼我強烈建議你，在擬定改變計畫時，一定要把諮詢這類的專業支持，納為計畫的一部分。

發展新的對策

現在要接著做另一項活動，進一步探討那些即便保持現狀也不會對你有害，甚至還能幫助你的習慣。

請看看「為什麼無法改掉這個壞習慣？」地圖。如果你意識到想改掉、卻改不掉的那些習慣，只是出於現在不再需要，那麼可以在地圖上寫下諸如「保持現狀」、

「這是我唯一知道的方法」或「我真的不知道還能怎麼做」之類的結語，端看哪一個句子最能表達你的感受。接著，再依照個人的狀況，完成下方句子的空缺處，並將完整的句子抄寫到你的筆記本上：

進一步探究無法改變的原因

- 我現在知道我會保持現狀的原因，是因為它滿足了我的以下需求……。
- 在我的理想世界中，我會用……的方式，而不是用（或不只是用）我目前的習慣，來滿足這些需求。
- 在適應新對策的期間，我可以分散自己的注意力，讓自己不要太介意它無法馬上發揮和……一樣的功效。

是時候「寬以待己」了

現在，問問自己：

- 此刻是否更清楚自己過去為什麼難以做出改變？
- 此刻是否對自己為什麼會保持現狀沒那麼茫然？
- 在考量到這些習慣曾對自己的幫助後，還要不斷苛責自己養成這些習慣嗎？如果其他人跟我有一樣的狀況，我也會這樣指責他嗎？

擬定計畫時，經常都會小看那些牽制我們保持現狀的各方力量。例如，如果我們的習慣是屬於可輕易被歸類為有害或負面的行為，就會為自己貼上「意志薄弱」的標籤，因為我們竟然會對它們產生依賴。而本書的活動除了能幫助我們用更寬容的態度與自己對話，進行到這個階段，各位應該更能清楚看出，這些地圖是引領你進入另一種思維的入口；它們能讓我們以新的方式去思考我們目前的處境，並考量到我們之前可能一直沒有給予足夠關注的事情。

大多數的時候，寫下這些事情（如果這些事是新體悟，更是要特別寫下它們）會引發我們對它們的一連串自我探討，而且即便是在完成這些活動後，這些自我探討仍會長時間影響我們的心理狀態。

很快，就會進行到為實際目標擬定計畫的階段。到目前為止，在做這些提升自覺力的活動時所面臨的情感挑戰，都是實踐目標的一部分關卡，它們會影響你的日常生活、社交習慣，甚至生理狀態。也就是說，這些準備工作都會嚴格考驗你的能耐，而這一段過程中，更是少不了好好善待自己的態度。

這一段過程不僅會讓你下定決心好好規畫計畫、做出實際改變和達成目標，還會讓你想在接下來的日子，以更友善、更有同理心和更善解人意的方式對待自己。**善待自己固然是幫助你長久改掉習慣最有效的方法，但更重要的是，你本來就值得更好的對待。**

最後，為了發揮「為什麼無法改掉這個壞習慣？」地圖的最大影響力，請將它直接與「我的壞習慣有什麼殺傷力？」地圖放在一起比較。兩張地圖都要以滿分為十分的標準，評斷每件事對你的重要性。

小叮嚀

完成這張地圖後，或許會想要在「我擁有的人格特質」地圖上再增添一些文字（例如：「寬容」和「使命必達」）；沒有問題，就加上去吧！現在，就參考一八六頁和一八七頁的地圖範例，繪製出專屬個人的地圖吧！最後再次重申，在為這兩張地圖評斷分數時，一定要以「自己」認為該給幾分為主，千萬不要被世俗眼光或旁人的意見給左右了。

請參考這張範例，動手繪製出專屬個人的地圖吧！

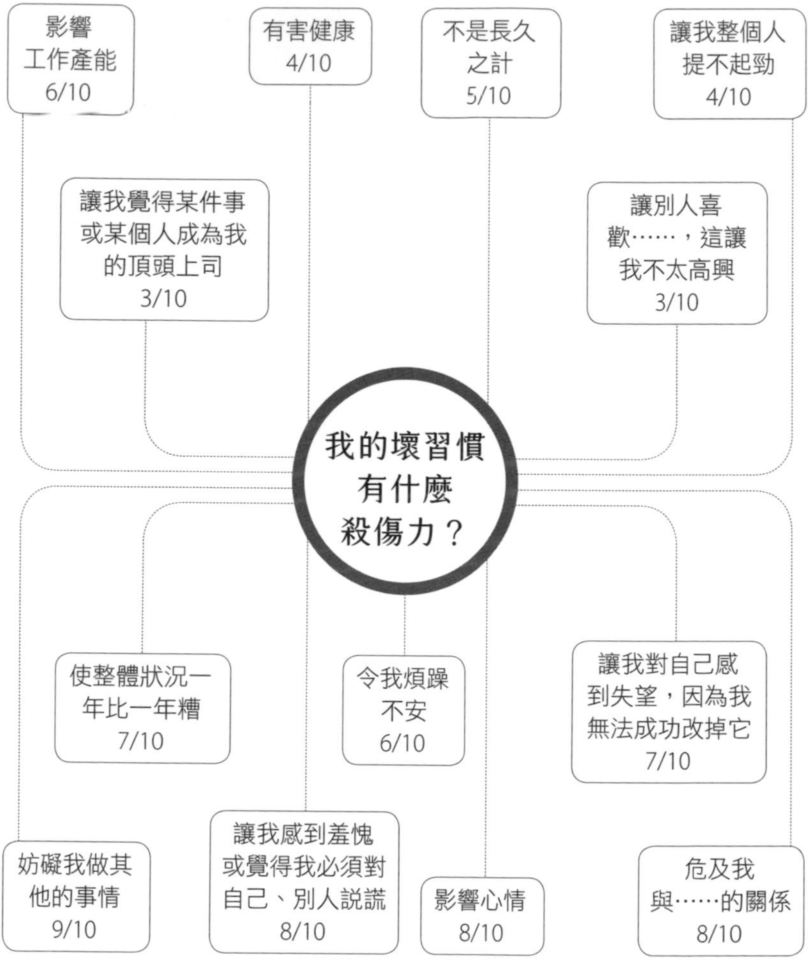

請參考這張範例，動手繪製出專屬個人的地圖吧！

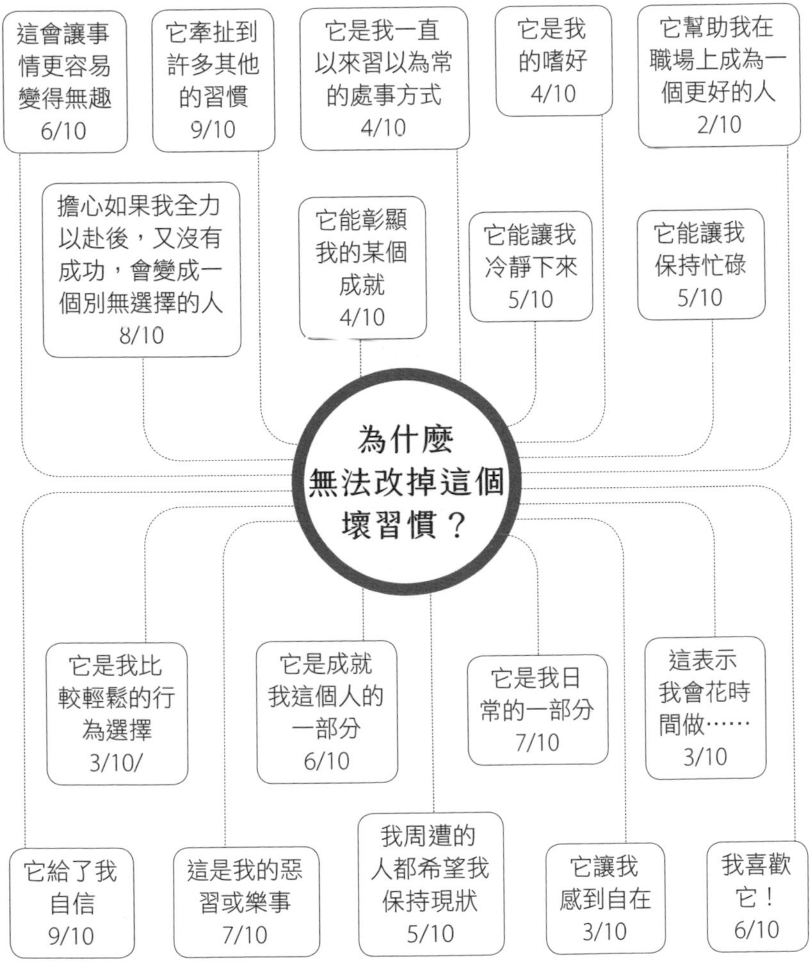

哪些事會考驗我的執行力？

總觀前面的內容能發現，我們的一舉一動都是由習慣組成。因此，當我們要改變或改掉某一個習慣時，一定要先為自己的行動做出全盤的考量。假如在展開行動前，沒有針對我們可能經歷到的艱難時刻，事先擬定完善的因應對策，就可能在改變習慣的過程中，發現自己招架不住改變初期的短暫不適感，或改用另一種不好的習慣去取代原本的習慣。

有備無患。事先考量到「什麼時候」心中可能會萌生那些毫無助益的自我對話，並在擬定具體改變計畫時，特別針對這個部分建立相應對策，能讓我們在面對那些可能使我們「破戒」的高風險情況時，處於「先發制人」的狀態。也就是說，在面臨那些自己比較難以招架的狀況時，此舉能降低我們投降的可能性。

我已經一而再，再而三地發現，單單是理解我們為什麼會養成這個習慣（不用去評斷它們的好壞），就足以讓我們改變自己的舉動。身心之間是有連結的，所以下一次你打算再度投入某個壞習慣的懷抱時，可以這麼想：「嗯，我又出現這個念頭了，但現在我知道這個習慣是從何而來。過去這個行為曾幫助過我，雖然此刻它對我已經沒用了，可是我的身、心早已習慣了這樣的處事方式。我知道這個念頭終究會出現在我的腦海中，我知道它一定會考驗我的決心。不過這次我已經對它做足了準備，一直在等待這份考驗的到來，所以我相信自己還是能堅守計畫。」

了解「觸發」破戒的因素

先前已經探討過，我們的自我對話方式會如何導致我們進入破戒或復發的狀態。現在，也要來看一看，我們對自身的期望和高風險情況的反應，會如何導致我們進入破戒和復發的狀態。

通常，當我們把事情攤在眼前檢視時，就會發現大部分的「觸發因素」與我們自我對話和應對情況的方式，息息相關。在這樣的背景下，任何可能重燃走回頭路念頭的事情，都算是你的觸發因子。

以我個人為例，一了解到自己養成習慣的過程和原因後，就能開始針對我的觸發因素「搶先一步」擬定對策。我會一大早就參考我過去的經驗，寫下我對自己當天身、心狀態的期待，預先為我的一天做好準備。以下內容供大家參考。

「我敢說，就算我成功堅守計畫，今天傍晚六點半，我也會開始告訴自己，我應該點一份外賣，大吃一頓。如果雨下個不停，或是今天下午與我面談的人搞得我心神不寧，那麼我出現這個念頭的時間可能還會往前提早到傍晚五點半。一開始我會告訴自己，這只會偏離我的健康飲食計畫一小步，之後我絕對有能力順利地把自己拉回正軌。但是在這麼做之後，我又會告訴自己，現在我已經『搞砸了計畫』、『做了壞事』，不如再去吃個漢堡，還有餅乾和洋芋片。我會用宛如在吃最後一頓飯的架式，大吃特吃這些食物。然後，我很可能會癱坐在沙發上，覺得肚子飽到很不舒服，心想自己真是個軟弱又懶惰的人。說不定我還會連牙都沒有刷，就直接在沙發上睡著。

隔天早上醒來，會覺得自己昏沉又浮腫，並因此降低去沖個澡和花時間打理自己外貌的意願，因為我會告訴自己，我不值得被這樣對待，再怎麼做都只是白費力氣。接下來一整天我都會提不起勁，對所有人（尤其是看起來很開心的人）擺臉色，然後打算把自己餓到中午，當作懲罰。但還沒到午餐時間，我就會在去了廁所、瞥了一眼鏡子裡的自己後，決定中午還是要吃個分量十足的午餐，因為我覺得自己又糟又累，根本無法不吃午餐。再者，現在我還處在『做壞事』的模式。但我還是會說服自己，很快我就會重回正軌了，重回我為自己打造的牢籠，到時候世界上的所有美食我都將無福消受。因此，現在最好把所有的美食都吃過一輪。」

最後，我把這樣一大早就隨手寫下自己日常行程預測的舉動，發展成了每天兩次的小活動；同時發現，它們能幫助我比較不容易受到日常觸發因素的影響。許多從未想過或覺得自己能每天寫日誌的個案（更不用說以一天兩次的方式），在執行了這個活動之後，都很訝異地發現，自己竟然能貫徹這個活動很長一段時間。

如何記錄每日活動日誌？

這個活動的執行步驟，是根據我過去每日隨手寫下日常行程的經驗，所整理而成，你可以試著用它來加快「提升自覺力」的腳步；因為「提升自覺力」是「自我善待法」強調的其中一項要素。

我知道這個活動不見得對所有人的胃口，但快的話，完成這個活動只要花五分鐘的時間，然後它就能迅速對日常生活產生顯著的正面影響。雖然偶爾做做這個活動，就能讓你從中受惠，但若想要獲得最有效的十足幫助，建議還是每天落實寫日誌的習慣，效果更好。

——晨間日誌——

每天早晨，使用一九四頁提供的模板，來記錄「猜想」當天會考驗你的事情。

你需要事先考慮到，假如這些事情真的發生了，你該做何反應。當然，你不可能百分之百猜到所有事情，可是多數時候，我們確實能料想到不少當天自己可能會面對到的觸發因素；假如我們能先下手為強地擬定對策，就能事先做好很多準備。如此，當我們與它們狹路相逢時，就比較不會慌了手腳，因為它們全都在我們的預料之中。儘管此舉或許不能改變我們與它們正面碰頭時產生的「感覺」，但絕對能改變我們應對它們的方式。

許多個案都跟我說，晨間日誌幫了他們大忙，減少許多讓他們做出會讓自己感到後悔的舉動；而過去他們會做出這些舉動，往往都是因為他們對這些觸發因素毫無防備，一時之間不知該如何反應。

—夜間日誌—

至於晚上的日誌，只要記下你當天早上沒料想到的事情。它會讓你有機會去反思自己該如何去應對那些挑戰，並檢視一整天的成果，看看下一次再面對到相同的情況時，是該沿用此次的應對方式，還是換另外一種方法。

建議各位剛開始練習這個活動時，可以先依照本書模板的提示，依樣畫葫蘆地練習幾次。待之後比較能掌握到整個活動的核心概念時，就不必再拘泥於這個模板的形式，而是可以用更符合自身需求的敘事方式，去表達這個活動所要記錄下的內容。如此一來，你和你的生活，才能因這個活動得到最大的幫助。

每日活動日誌

日期　　／　　／

晨間日誌

- 預測今天可能會極度考驗我的任務、互動、想法、感覺、情況或事件。
- 我通常會如何應對？
- 我該如何應對，才會讓我今晚在檢視自己的時候，對自己感到驚喜？

夜間日誌

- 今天考驗過我的任務、互動、想法、感覺、情況或事件。
- 發生了什麼事？
- 我如何應對？
- 如果再次發生，我會想用不同的方式應對它嗎？如果會，會是怎樣的方式？

常見的觸發因素

有些觸發因素非常顯而易見。例如，如果是個正在戒菸的人，身邊有人在抽菸，或請你抽一根菸，它們就屬於很明確的觸發因素。至於那些會讓你想要來根菸的飯後、小酌或午休等時刻，則屬於比較隱晦的觸發因素。面對比較明顯，且比較能掌控的觸發因素，請盡可能想辦法避免它們；至少在改變的初期必須如此。

以戒菸為例，在戒菸的最初幾週內，可能會決定先與那些你知道會抽菸（或喝酒）的人保持距離，讓自己有一點時間和空間去達成戒菸的目標，並將它變成日常中的新習慣。至於其他更微妙、可以充分獨立掌控的觸發因素，實際上也會造成改變過程中的高風險情況，讓你在改變期間的身、心狀態面臨很大的挑戰，因此同樣必須謹慎看待。

以下是一些常見的觸發因素。再次強調，這裡列舉出來的因素，都是為了要引導各位從自身的生活和經驗找出屬於你的觸發因素。當越了解個人的罩門，就越有機會提早防範、增加達成目標的機會。

疲倦

這似乎沒什麼好說的，但我們經常會低估缺乏休息或睡眠不足對於心理健康和抗壓性的影響。確保睡眠充足很重要，尤其是在改變的初期。昏昏欲睡會扯你的後腿，引發一連串的負面自我對話和行為，使你更難忍受改變所伴隨的身、心不適感。

飢餓

如果想改變的習慣與食物有關，這一點特別重要。飢餓，會讓很多立意良善的舉動脫序演出，例如採買食物。如果飲食不是你要解決的問題，那麼只需確保執行計畫時，你不會餓到或渴到自己即可。

但如果飲食是你要解決的問題，那麼執行計畫時，請一定要記住，儘管食物能帶來慰藉，可是一旦那些食物和飲食習慣正在傷害你的健康和生活，就不應該再將它們視為紓壓的管道。

「重新定義」善待自己的定義很重要。短視近利地讓自己好過一點不是真正的善待自己，因為隨著時間的流逝，這些方法對你的幫助也會越來越低。把眼光放得更遠，並堅信自己有能力挺過一時的不適、追求更開心的人生，才是真正的善待自己。換言之，在「自我善待法」的帶領下，你應該設法為自己開闢出一片可以長久茁壯的沃土，而不該貪求一時之快，使自己深陷泥淖。

—壓力—

我們經常會將壓力，視為一種想要盡快推開或轉移的東西，但通常幾乎所有人都難以避免壓力產生的情形。這些情形可能是財務問題，可能是職場上的結案日期，也可能是人際壓力。總之，即便覺得這類情形對我們的計畫沒有半點用處，它們也不會因此消失。

話雖如此，但我們可以記住，**永遠都不會有那種能讓我們無痛改變的「完美」時機，因此在改變過程中，我們注定要面對某些無法避免的不適感**。另外我發現，這種可能使人鬥志下降的壓力，對每一個人的影響程度有很大的不同。因此，你一定要仔細想想，生活中有哪些方面讓你最感到沉重，並集中火力為它們擬定對策；

先是轉移對它們的注意力，再冷靜面對它們，最終才能長久排解這類壓力。

——憂慮——

胡思亂想經常使我們心力交瘁，覺得自己不太能應付改變所帶來的不適。當然說到焦慮時，不同的人在不同的情況下，體會到的焦慮程度也會完全不一樣。例如「想太多」就是我一直要克服的觸發因素。

——自滿——

成功本身也可能是一個觸發因素。許多個案經常會在面談時，興高采烈地與我分享他們的成就。這通常是因為我們花了很多時間一起討論、計畫、演練不同的情境，並且針對專屬他們的高風險情況，擬定了相應的具體對策。他可能會在一走進診間，屁股都還沒坐到椅子上的時候，就告訴我：

「婚禮進行得非常、非常順利！就算我宴客了一整天，到處都有觸發我破戒的因素，但我都有把持住！雖然有時還是會很想脫序演出，心中湧現一大堆犯規的藉口，但每次去洗手間，看著我手機裡的地圖時，我就會記起，如果我能做到我說的話，第二天能擁有怎樣的感受。我非常以我自己為傲，也看見自己確實做出了改變。而且不只我，就連我的朋友和家人，也注意到我是真的有所不同，並紛紛表示，我必須繼續找妳諮詢，因為這對我真的有幫助！」

而我通常會這樣回應這類的話語：

「恭喜，這真是太好了，這的確是個很大的成就，請務必將它增添到你的『令我引以為傲的時刻』地圖中。另外，在婚禮中經歷到的各種觸發因素，若當中有哪些是我們之前沒有考量到的，也應該將它補充到記錄觸發因素的地圖上。如果幾個月前我就直接告訴你，你會做到這些事，我想你一定不會相信，所以非常謝謝這些日子你這麼配合我的引導。

另外，我真的不想在此刻潑冷水，但我一定要告訴你，現在你很可能會被這股自滿的情緒沖昏頭。別忘了，你想改掉的那個習慣已經跟了你好多年，現階段的成果距離取代它、成為新習慣還有很長一段路要走。請不要誤會我的意思，我只是想提醒你莫忘初衷，往後的人生也要持續堅守你的計畫，朝目標前進。日後一定還會碰到不少關卡，但只要我們能像現在這樣，針對你的需求縝密地擬定對策、各個擊破，終有一天你就不會再將這些情況視為高風險情況。現在就讓我們來看看，之前我們還有什麼沒考量到的部分，不論是內、外在因素，我們都可以提出來一起討論……。」

我這樣的回應方式，能減少個案不自覺萌生「我被修復了」或「改變是種懲罰」的心態的可能性，因為這類心態可能導致他們產生以下的自我對話模式：

「哇，我現在好多了！我已經徹底改變了。就是現在，我已經證明這一切都將永久不同。我是多麼強大、了不起和充滿抗壓性，沒有什麼能讓我偏離正軌。我真的不需要為那些高風險情況做一些枝枝節節的準備，或是靠充足的睡眠和繪製地圖之類的舉動來堅守計畫。我脫胎換骨了。」

或是，「嗯，我該怎麼慶祝自己做到了我自認做不到的事情呢？也許做一些我成功把持住、沒去做的事情是個不錯的選擇。就做一下下，一下下就好……。」

事實上，當我們因自滿而破戒時，整個人可能會變得極度沮喪，並意識到回歸舊有、不想要的處事方式是一件多麼容易的事。**為此請一定要記住，你的「舊習慣」**

並沒有消失，只是靜靜待在被你拋下的地方。

隨著時間的推進，儘管新的處事方式會成為你做事的「首選」，但舊有的方法還是會待在原本的地方，隨時等著你重新選擇它；即便你對新改變的熟悉度增加，也會讓你與舊習慣的距離越來越遠，但只要你願意，它還是會在原地等著你回過頭去找它。而大部分的人也都會天真地認為，我們可以在重回舊地（那個看似所有條件都與往年一模一樣的情境）之下，表現出和往昔全然不同的舉止；然而，這些都是不切實際的想像。徹底擺脫舊有習慣，並沒有如此容易。

如何有效管理「憂慮感」？

針對剛剛提到的觸發因素之一憂慮感，現在，我的部分個案能非常有效地管理他們的焦慮感，因為他們記錄下了自己「杞人憂天」的頻率，並藉此對抗他們新衍生的憂慮。這個方法是由我的個人經驗發展而來，當初我會開始這個舉動，是為了幫助自己堅守立場，並勇敢質疑心中出現的負面聲音。

—把憂慮感文字化—

每當我感到焦慮不安時，都會在手機上記下我當時的想法，並盡可能詳述當時我認為情況會如何進展。然後，等我覺得自己變得比較冷靜時，會再看一看我那時候寫下的文字，同時將這段時間事情發展的狀況新增上去；如果我擔心的情況根本沒有發生，我還會記下這是我第幾次「想太多」。

之所以會這樣做，是因為當時我注意到，我每天會花很多長時間去「胡思亂想」，而且最終那些事情發展的狀況，多半會讓我萌生「我真是在浪費時間」、「我竟然一下子就做到了」、「我竟然有這番能力」、「我竟然會這樣無中生有」或「果然就跟往常一樣，一切都是我想太多了」之類的念頭。

這個作法，其實和寫日誌一樣，這樣反覆執行「速記憂慮」能有效提醒大家，過去的事實已經證實過多少次，自己的憂慮只是「杞人憂天」。值得一提的是，我已經在自己和個案的身上注意到，雖然我們大多都忘不了自己「惡夢成真」的時刻，但我們似乎都忘了，很多時候我們擔心的惡夢也不曾成真過！如果你認為「速記憂慮」對你有所幫助，建議在筆記本或手機的記事本應用程式上，寫下以下重點：

如何「速記憂慮」？

步驟一

當你覺得自己無法停止對某事的擔心時，請趕快記下：

- 此刻我擔心的是什麼。
- 我認為事情會發展成怎樣。

接著把筆記本闔上，或關掉應用程式的視窗。

步驟二

過一陣子之後（數小時、數天或數週），待覺得自己比較沒那麼焦慮不安時，再接續第一階段的內容，問自己：

- 最後事情的發展，是不是證明我的擔心只是「杞人憂天」？

繪製「哪些事會考驗我的執行力？」地圖

現在，在空白頁面的中央寫下「哪些事會考驗我的執行力？」，並在其周圍畫一個圈，框住這幾個字。然後，請以此主題為中心，在四周的空白處，任意寫下普遍會使你感到壓力、憂慮、心力交瘁或用比較苛刻的方式對自己說話的情況，並用一個一個圓圈框住寫下的每一件事（可參考左頁的地圖範例）。

哪些事會考驗你執行計畫的能力呢？以下關鍵字或許可以幫助你思考：

想到……　感覺……　接觸到……　記起……　遇到……　摸到……　聽到……

發現……　聞到……　意識到……　看見……　說到……　做……

完成後仔細檢視，並回想最近曾經做過什麼緩解、躲避、改變或解決這些可能發生的情況。這些方法當中，是否存在既有效，又讓你想繼續使用的方法呢？如果有，是否能在你的最終改變計畫中，給予它們更多的發揮空間？同樣地，如果這些問題帶給你任何體悟，請將它們記下來，供日後參考。

請參考這張範例，動手繪製出專屬個人的地圖吧！

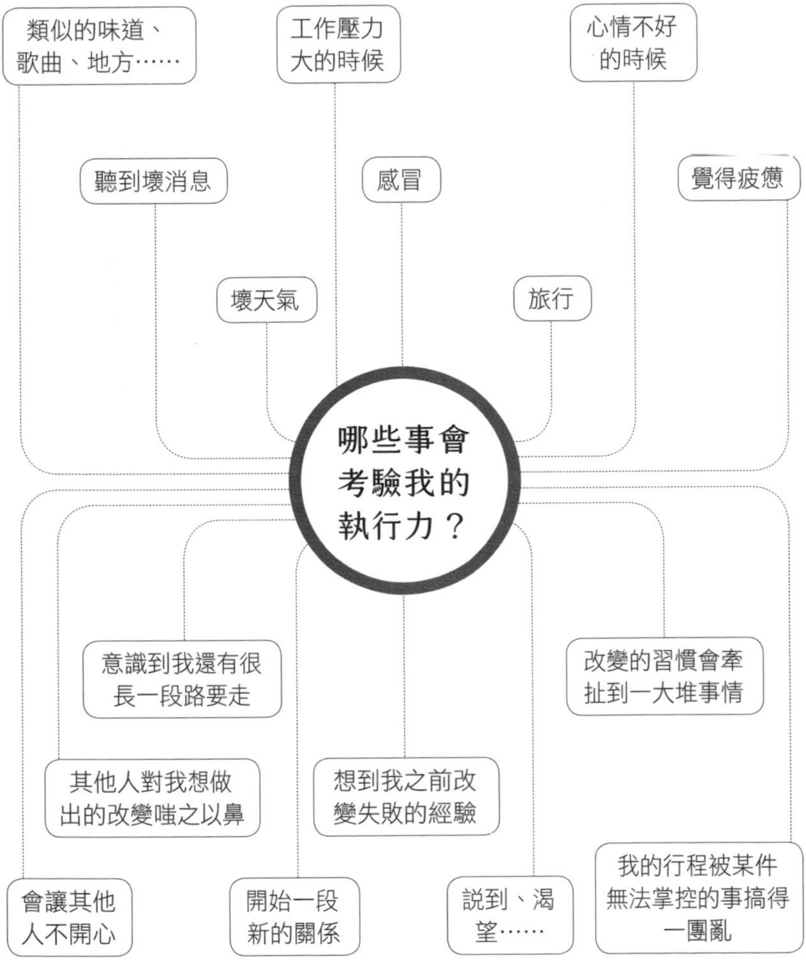

「改掉壞習慣」的急迫性和重要性

臨床上，輔導人員在協助個案戒斷時，經常會利用不同的評估和側寫工具，以了解個案目前對改變這件事有多少的準備。以動機式晤談法為例，我認為其能在引導和強化個案的動機上，發揮相當大的功能。有了這些輔助工具，輔導人員就可以確保自己能為個案接下來的艱難旅程，事先量身打造出一套最適合他們的攻略。

想評估一個人對改變做好了多少準備，輔導人員除了可以從個案的動機和實際獲得的支持等面向下手，還可以檢視以下兩件事：

一、改變對他們的重要性有多少？

二、他們對自己能改變這件事情，抱持多大的自信心？

過去，在培訓第一線的戒斷輔導人員時，經常會和他們討論到一些現實面的問題，好比說，我們必須在有限的預算和時間內給予個案最有效的治療。有鑑於此，我們一直渴望發展出一套簡便的方法，幫助臨床人員盡快辨明每位個案的具體需求，好提供其最有效的支持和介入措施。

就我個人經驗，發現從上述兩點切入，是最能迅速掌握個案心態和需求的方法，且也是目前臨床者，最常用它們來評估戒斷者「做好多少準備」的工具。當然，不只前線的戒斷輔導人員能從這兩個觀點評估戒斷者的狀態，一般的大眾也能藉由這兩個觀點洞察自己，看看我們在改變時，應該特別注意到哪些面向。

重要性與自信心的四大分類

接下來，就讓我們來看看，從這兩個觀點看待改變者，可將他們的心態區分成哪四大類。

高重要性和低自信心

這一類人要做出的改變通常有很大的急迫性。根據我的經驗，這些改變通常與健康、疾病惡化、社會福利、刑事司法或家庭新成員誕生等，**人生即將發生的重大轉變有關**。因此，這些人其實都很清楚，如果不做出改變，會迎來怎樣的後果。

然而，這群人「低自信心」的特質，卻讓他們對自己能改變這件事，抱持著微乎其微的希望（如果他們還沒徹底絕望的話）。就我個人在臨床上對這一類人的觀察，我認為這些個案會對自己這麼沒信心，除了與他們自尊心極低和負面自我對話的習慣有關之外，還與大眾是否將他們的行為與罪惡、羞恥畫上等號有關。當然，受到虐待和忽視也是造成許多個案自信心低落的原因。這類個案第一次與輔導人員面談時，常會說不出他們喜歡自己哪些地方，或想不起他們曾在哪些時候覺得自己很能幹或做過什麼了不起的事情。

在輔導這類個案時，我總會引導個案明白，他們並不如自己以為的那般軟弱；我會先從他們來找我面談、尋求協助這件事下手，告訴他們光這件事就足以證明他們是個勇敢並擁有許多長處的人。其次，探討他們維持成癮生活所需的技能，也可以讓他們從中發現自己的長處，並在記錄長處的地圖上羅列出不少內容。正如我的良師益友雷・詹金斯（他熟知戒斷成癮物質的所有臨床技巧）一直提醒我的那樣「要一輩子擺脫毒癮生活很難，但要一輩子帶著毒癮生活更難」。

許多個案每天早上睜開眼的第一件事，就是思考該用什麼方式取得他們的毒品。不論他們身上有沒有錢，都會想方設法橫跨倫敦，討價還價，並擬定各種計畫以確保他們的毒品不會斷貨。而與這類個案討論就業機會時，讓他們意識到自己在「供養毒癮」的過程中會運用到多少技能、付出多少努力，不僅能幫助他們找到未來的就業方向，還能提醒他們擁有多大的抗壓性。另外，這些個案通常居無定所。冬天如果冷到他們沒辦法露宿街頭，他們就必須設法在旅社內謀得一張床位過冬；期間他們不僅常會受到污辱，還可能淪為肢體暴力和性暴力的受害者。

由此可見，這類人絕對不是無法忍受戒斷的不適，或是毫無長處或成就；他們只是需要意識到，此刻他們所擁有的這些特質，也可以原封不動的應用在他們擺脫壞習慣的人生中。

低重要性和高自信心

我在輔導對大麻成癮的個案時，這一類型的人很多。有一段時間，出於種種原因，每週我都會去一個專為年輕人開設的互助會服務；參加這個互助會的年輕人都是被父母或學校強制送來的。他們當中有一些人書念得不錯，平常的舉動也沒有什麼差錯，他們會被送來這個互助會，多半都是因為他們的父母和師長注意到，他們越來越不積極進取，還有看不慣這些年輕人購買和使用禁藥的行為。

但這些年輕人經常告訴我，他們隨時都可以停止抽大麻的行為。他們堅稱自己沒有對大麻成癮，而且目前這個行為也沒有對他們的生活造成什麼負面的影響。從許多面向來看，他們說的確實沒錯。可是，我和其他成年人最大的憂心，並不是抽大麻對他們現在生活的影響，而是明年或後年生活的影響；屆時他們在學業或專業上要投入的心力一定會更多，對藥物的耐受性也一定會提高，而這一切幾乎都會讓他們逃不了抽更多大麻的命運。

在這些年輕人身上，我看他們多半都能輕而易舉地完成羅列自身成就的地圖。畢竟，平常學校本來就會用各種方式評量他們，並給他們很多發展和培養其他技能和長處的機會；再者，他們的師長通常也會時時提醒他們有哪些成就、並給予鼓勵。最重要的，他們並不是各個都天天抽大麻，有些人甚至是好幾週才抽個一次，所以他們非常清楚自己的身體並沒有對大麻產生很嚴重的依賴性。

因此，身為一名專業的輔導人員，幫助他們最好的方式不是花時間提供他們一大堆工具或方法戒大麻，而是要讓他們了解到戒大麻這件事為什麼很重要；因為就算現在它不是個問題，最終它也會成為一個問題。

為了做到這一點，我們會討論他們自接觸大麻以來，對大麻的耐受度增加了多少，並假設未來幾年，若持續按照這樣的情況發展，他們會要使用多少大麻；另外，也會討論他們成年後是否想成為一名吸毒者，如果答案是否定的（通常是），那麼他們會在那個時間點看到自己做出轉變。在這樣的討論中，**我們不會把討論的重點放在他們現在做的事有多糟糕，而會把重點放在五年後他們想過怎樣的生活，以及要到達那樣的目標，他們需要具備怎樣的資格和財力**。經過這番討論後，戒大麻這件事對他們的重要性往往都會由「低」轉「高」。

高重要性和高自信心

從「做好多少準備」的角度來看，這一類人對改變所做的準備是最好的。

輔導人員在輔導個案時，最希望個案是以這種心態改變自己。我看過不少一出獄就具備這個種心態的個案，他們對團體活動的參與度很高、戒斷的成效很持久，也覺得自己人生的各個面向都因此受益良多，非常願意一輩子堅守這樣的轉變。

低重要性和低自信心

這一類人有可能是沒有看到改變的急迫性，或者，即使他們看到了，也不認為他們有辦法改變。

從專業輔導人員的角度來看，與這一類人打交道可說是最具挑戰的任務。話雖如此，在我們的支持之下，他們還是會有不小的機會，做出重大改變。

如何提高「改變」的重要性？

前面在探討我們有多容易萌生自我破壞心態，以及用友善態度與自己對話的重要性時，就已經學到了不少提升「自信心」的方法。因此，現在需要做的事，是盡可能提升改變對你的「重要性」。基於這一點，接下來的內容我會著重在：

一、帶你看見改變對你的急迫性。

二、確保這些改變對你有實質的意義。

不過在繼續閱讀接下來的內容，並完成這些地圖之前（它們能讓你看見改變對你的急迫性，還有幫助你堅守計畫），希望各位先開始對未來的自己感到振奮，並確認改掉這些習慣對你最重要的影響是什麼。各位可以透過以下的活動，來確認這個「改變」對自己的重要性，到底是多是少。

最重視的東西是什麼？

請至少在下列問題中擇一回答。回答時，請盡可能詳述答案，並花點時間讓腦中出現具體的清晰畫面。然後再將這個問題，或多個問題抄寫到筆記本上，並用文字寫下你剛剛想到的答覆。

- 如果有一個陌生人（能以某種方式聽到你的想法），跟蹤了你整整十二個月的時間，你會想要他用哪種不同於現在的方式，描述你的想法和行為？
- 在採用「自我善待法」六個月後，你希望至親好友觀察到你產生哪些改變？請就你顯而易見的習慣、你看待和對待自己的方式、與他人的互動，以及你人生的整體展望等方面論述。
- 想像一下，你和你的至親好友都坐在電影院裡。你們正在看的那部電影，說的就是你從現在開始一年間的日常生活。劇中扮演你的主角，演活了你應對挑戰的一切細節。無論是打扮風格、肢體動作或是做決定的方式，全部都跟你一模一樣。請寫下你對電影主角的描述。
- 想像一下，年少的你正透過一扇窗，看著你從現在開始六到十二個月間的職場或家庭生活。這個場景就跟英國小說家狄更斯寫的《小氣財神》（A Christmas Carol）的情節類似，這個年少的你能透過這扇窗看見你成年後的模樣。你會想要他看到你在做什麼？說到你改變習慣的過程時，你又覺得什麼樣的場景會讓他感到放心，並覺得一切都會化險為夷呢？

「改」與「不改」的人生，會有什麼不同？

雖然本節的兩張地圖，其製作架構相似，但最終呈現的內容卻截然不同。這兩張地圖分別要各位從「改」與「不改」的兩種角度，去想像未來；再藉由比較兩者生活的差異性，帶你看見這個改變對你的急迫性。

繪製「我不做出改變的人生」地圖

請先在空白頁面的中央寫下「我不做出改變的人生」幾個字，再於這個標題的下方寫一個未來的日期，然後畫一個圈，將兩者框在一起。在輔導想要藉著一系列的改變全面提升生活各個面向的個案時，我多半會建議他們，將地圖上的未來日期設定從今天（或完成九十二頁「寫給自己的一封信」那天）算起的六個月或十二個月後那一天。

別擔心，度過改變的過渡期和做出重大的改變，並不需要耗時六到十二個月。這段時間，你會多次為自己立下的里程碑慶賀，享受進步和達成短期目標的成就感。這個活動不但能幫助你對未來的生活做出進一步規畫，還有助打消「我週一再開始行動」的拖延念頭。至於時間點要設在六個月還是十二個月完全由你自己決定，而這取決於你想做怎樣的改變，以及你覺得自己要做到它們需要花多少時間。

有時，個案會希望在孩子出生之前停止吸煙，或是在完成某項案子前減少拖延的習慣，甚至是為馬拉松訓練必須做出某些改變。在這種情況下，在製作本節這兩張地圖時，就能為自己設下一個更具體的日期。

現在，請開始用簡短的句子在地圖上寫下，你覺得如果沒改掉想改掉的習慣，你的人生會呈現什麼樣的面貌，並用一個一個圓圈框住你寫下的每一項敘述。在想像你未來的生活時，請著重在以下三個面向思考：

一、你將如何看待這個結果？

二、屆時可能因此發生哪些事件？

三、你將對自己說些什麼？

完成後，請將這張地圖暫放在一旁，接著做下一張地圖。

繪製「我做出改變的人生」地圖

現在，請在另一個空白頁面的中央，寫下「我做出改變的人生」幾個字，再於這個標題的下方寫上跟上一張地圖相同的未來日期，然後畫一個圈，將兩者框在一起。**若想要成功改變，請一定要謹記「動機」和「習慣」之間的交互關係**。舉例來說，不論是就健康或社交等方面來看，戒菸可能都稱不上是一個非常遠大的目標；但若能做到一年都不抽菸，此舉或許能讓你看見自己的可能性，並更有信心去嘗試過去認為自己做不到的事情，包括職場上的事。

此外製作第二張地圖時，請注意不要直接將第一張地圖的敘述改為否定句，而是要將它改寫成帶有相反語意的肯定句。例如，如果在第一張地圖中寫了「我會對自己說，我很軟弱」，請不要直接在第二張地圖上寫「我不會對自己說，我很軟弱」，而是要寫「我會對自己說，我有多麼的堅強和有能力」；因為前者的敘述方式只會

請參考這張範例，動手繪製出專屬個人的地圖吧！

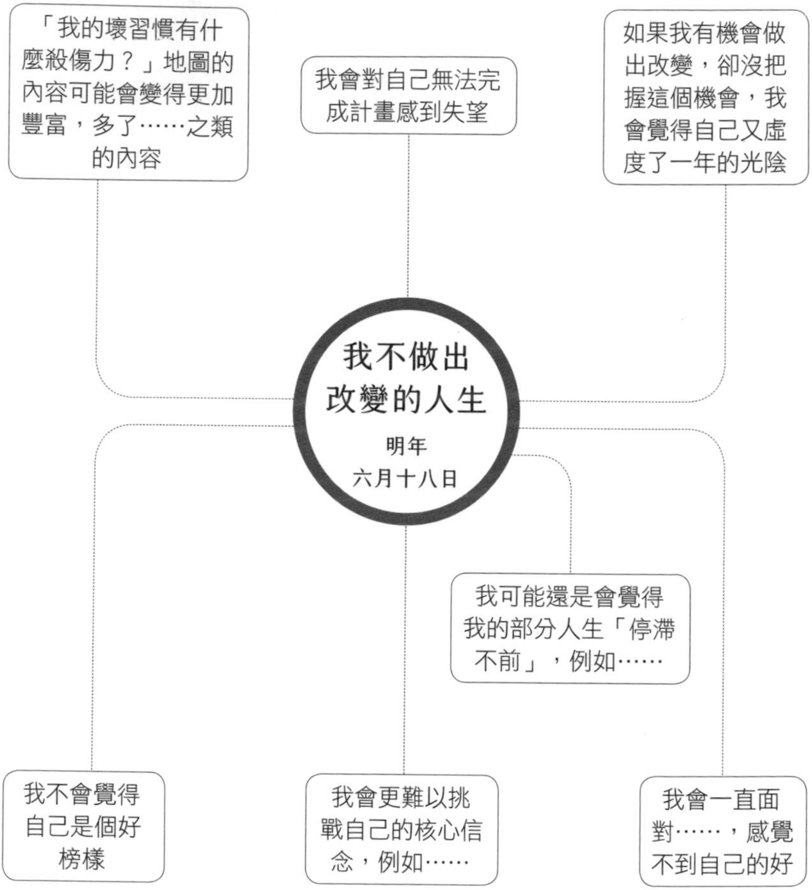
「我的壞習慣有什麼殺傷力？」地圖的內容可能會變得更加豐富，多了……之類的內容
我會對自己無法完成計畫感到失望
如果我有機會做出改變，卻沒把握這個機會，我會覺得自己又虛度了一年的光陰
我不做出改變的人生
明年
六月十八日
我可能還是會覺得我的部分人生「停滯不前」，例如……
我不會覺得自己是個好榜樣
我會更難以挑戰自己的核心信念，例如……
我會一直面對……，感覺不到自己的好

請參考這張範例，動手繪製出專屬個人的地圖吧！

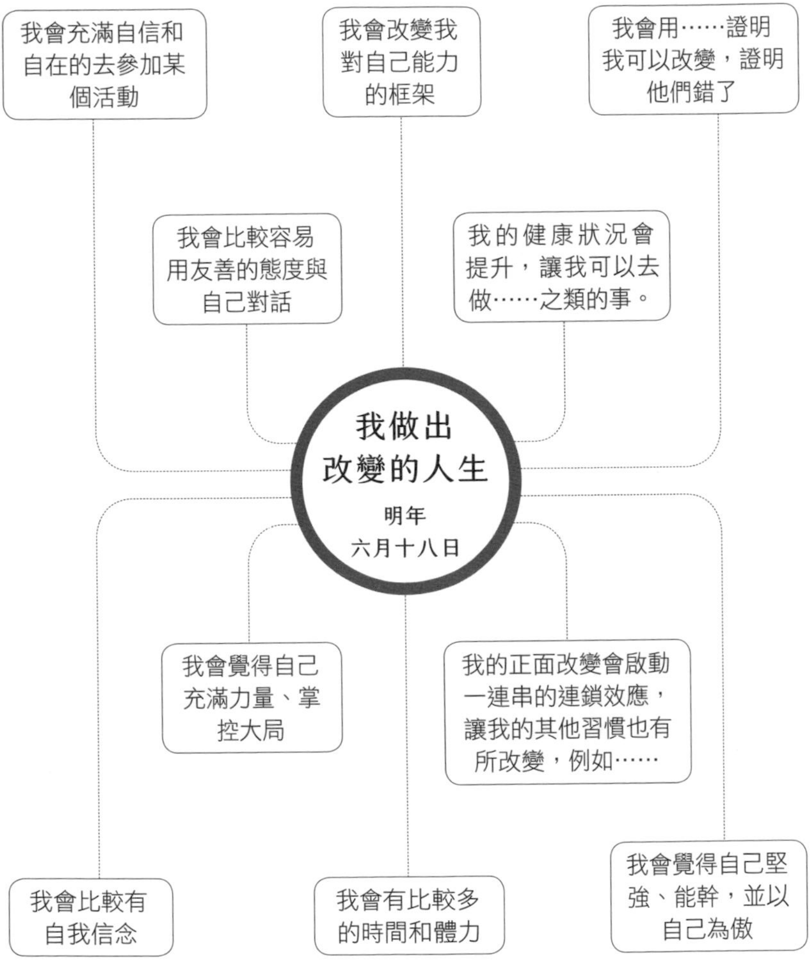

讓你看到自己沒變得那麼差，但後者的敘述卻能直接讓你看見自己能變得多好。

比較這兩張地圖，除了能讓看到改變對你的急迫性，還可以證明未來的想像對我們而言有多大的影響。雖然我們都知道恫嚇式的手段，以及「如果我不做出改變，人生就會變得多糟」之類的負面想像，能有效驅策做出改變，但就長遠來看，這樣充滿負能量的鞭策，並不能讓我們的改變長長久久。因此，若想要讓改變長久，對未來的人生一定要有更多「開心」的想像；再者，這樣正向思考的態度，也才符合「自我善待法」的精神。

對未來感到振奮

「我做出改變的人生」地圖應該會帶來非常振奮的感受，因為你會看見不遠的將來，你的人生有機會呈現什麼樣的面貌、帶給你什麼樣的感受，以及生活中有多少面向有可能因此提升。不僅如此，在設想自己未來想過上怎樣的生活，或尋找人生的方向時，這張地圖也能幫上不少忙。換言之，「自我善待法」不僅能幫助你擺脫或改變某個特定習慣，還能為你打造一個你願意為它奮鬥的人生。

成癮治療方面的經驗告訴我，**個案在一連串的失敗後，若能快速且長久的改掉習慣，通常都是他們過去嘗試過的各種戒斷方法相輔相成的結果；在某一個瞬間，這些方法就會突然各司其職地開始在個案的身上和諧運作。**話雖如此，不論想要改的習慣是什麼，要讓這些失敗經驗有機會形塑成能有效的工具，一定要保有一顆同理、寬容和善待自己的心。

把未來的想像融於此刻

有些個案發現，寫下對自我的肯定，就改變而言非常有幫助；這些自我肯定會將他們已經擁有的特質或事物，與他們渴望擁有的事物結合在一起。以我自身經驗為例：減肥的時候，我會列出一份自我肯定的清單，並在每天早上大聲對著鏡子中的自己朗誦。一開始，會覺得這個舉動很蠢，但堅持一陣子之後發現，它真的改變了我與周遭世界互動的方式。

例如：我真的開始表現得像我渴望變成的那個人；其實這個感覺，就和我們經常聽到「演久了就變真的了」這句話一樣；而我個人的體悟是：在追求某個目標之前，其實可以先花一點時間告訴自己，我們在很多方面根本不需要演，因為我們早就多次證明自己「擁有」那個能力。

有一位深受關係成癮所苦的個案，希望我能幫助她解決老是想要取悅他人、與他人比較和在意其他人對她的看法等舉動。她告訴我，她覺得這一切全都如脫韁的野馬般脫離了她的掌控；她意識到自己把太多的時間和注意力放在別人身上，卻忽略了自己。她發現這不僅會讓她無法積極正向的對待自己、與朋友和家人保持平衡的關係，還會讓她無法建立健康的戀愛關係。

在討論中我們發現她之所以會這樣，是因為她總是擔心自己「不夠好」，以及擔心自己如果不以某種方式討好別人，別人可能就會不理她。這些假設和相關行為，都來自她的童年經驗所發展而成。她告訴我，她厭倦了受這些假設擺布的自己，也厭倦了必須透過別人的眼光來過日子的生活，而且當別人沒有因為她的付出說她是個「不錯」的人時，就會不知道該如何自處。她還覺得自己無法克制的過度使用社群媒體和手機，而這些都只會讓她的處境更加雪上加霜。

這位個案之前也曾試著做出改變，例如突然與親友劃出一條嚴厲又魯莽的界限、斷絕自己與朋友的往來、徹底刪除所有社群媒體（極端的手段使她無法持之以恆，況且它們其實也無法解決她不滿意自己的問題）。

然而她發現，每次急著用上述方式「修理」自己時，都會忍不住擔心大家對她的新舉動有何看法。她會不斷揣測大家是否會注意到她為了擺脫關係成癮做出的努力，以及她不再更新社群媒體動態的事實。她想知道現在他們是否認為自己是個比他們「還要好」的人。由此可見，她的這些努力其實並沒有解決造成她關係成癮行為的根本原因。她的自卑和無法展望自己人生的不同樣貌，才是造成她一直用別人的眼光來評斷自己價值的癥結點。每當她在社群媒體上發布動態，得不到大家回應時，她就會開始瘋狂地胡思亂想，不斷用各種負面想法凌遲自己。她會告自己，她一定是做了什麼事得罪到大家，所以他們才會都對她視而不見。

不過，自從這位個案開始嘗試在晨間大聲朗讀自我肯定的話語後，這一切都變得不一樣了。她說，大聲朗讀這些非常坦誠、合理的陳述，讓自己聽見這些自我肯定的話語，能幫助她面對改變過程中的「觸發」情境。在看到她的驚人轉變之後，現在我也更樂於向我的其他個案推廣這個活動，並告訴他們可以朝三大方向去撰述自我肯定的句子：

一、想要的心理狀態。

二、想做的事情。

三、他們已經擁有的事物。

以下是上述關係成癮個案，為自己寫下的自我肯定清單，供各位參考：

- 我無條件地愛自己。
- 我值得無條件地被愛。
- 面對觸發因素時，我會先靜觀其變，待情勢明朗後再做出最適合的決定。
- 我知道大家都有自己在意的點，所以如果他們沒按照我的想法行事，我不會覺得他們在針對我。
- 我並不需要總是成為別人眼中的「好」人。

- 我每天都會為自己做出健康的選擇。
- 我尊重自己，比起別人，我更相信自己的直覺和決定；因為，只有我知道自己適合什麼。
- 我能要求別人滿足我的需求或願望。
- 我能提供自己安全感。
- 為自己設下了一道健康的人際界限，它能讓我有效且永續的經營人際關係。
- 我沒有比其他人好，也沒有比其他人差。
- 我相信我周圍的人都有能力照顧自己。
- 我只在別人需要的時候提供建議。
- 我會守護自己生活中的選擇權，有限度地與別人分享自己的資源。
- 我不會用禮物和討好人的方式，讓別人喜歡我和關注我。
- 我不必為了與其他人建立關係而委曲求全。
- 我不強求別人滿足我的需求。
- 我不會為了取得別人的認同，假意附和他們的意見。

- 我相信自己值得擁有一段真誠的親密關係。
- 我接受我所有的感受，把它們視為我的一部分。
- 我知道什麼時候該放慢腳步，把事情一件一件解決。
- 我有很多要感恩的人事物。
- 我是一個充滿愛心又誠懇的朋友和家人。
- 我喜歡，也欣賞出現在我生命中的人。
- 我允許自己享受我應得的幸福。
- 我現在的成就已遠超乎我兒時的想像。
- 我深信，只有我自己才能左右我自己的行為。
- 我相信自己的情感和想法，以及我做了正確的決定。
- 我可以誠實地認清和表達自己的感受。
- 我每天變得越來越有自信。
- 我能憑直覺去處理過往讓我不知所措的情況。
- 我有抗壓性和能力。

- 我很有耐心。
- 我相信那個對的人和機會遲早會來到我眼前。
- 我敏銳、機智、活力十足、充滿抱負。
- 我冷靜、沉穩、漂亮。
- 我的言論和行為獨立自主。
- 我經常給人留下深刻的印象。
- 我知道我需要從別人那裡得到什麼，以及我能給自己什麼。
- 我有一個美好的家，它給了我安全感，也是成就我的一部分。
- 我知道自己喜歡什麼，還有為什麼我覺得它適合我。
- 充滿挑戰的情況能刺激我，幫助我成長。
- 我熱愛自己的生活，無論今天會帶來什麼，我都會銘記於心。
- 我很幸運。
- 我從自己的經歷中學到了教訓，並感激它們為我帶來的養分。
- 我值得被好好對待。

- 我的正向思考為我吸引到了正面的機會。
- 我能幹、聰明、有能力。
- 我相信自己。
- 我與能發掘我優點的人在一起。
- 我一直在成長和茁壯。
- 最重要的不是發生了什麼，而是我的反應和信念。

小叮嚀

以上這些為自我肯定清單，它還可以幫助你豐富「我擁有的人格特質」、「令我引以為傲的時刻」和「我做出改變的人生」等地圖的內容，不妨再回頭補上吧！

第三章

「善待自己」的改變計畫

如何擬定計畫？

終於到了擬定計畫的時刻了。至於何時將這份計畫付諸實行，端看你的決定。有些計畫需要從長計議，以確保它們的執行面能長久落實。首先我會教各位一些技巧，化解在改變過程中常見的阻礙和挑戰，最後才會在尾聲處，協助各位架構計畫。

訂定檢討日期

無論展開任何行動，一定要先訂出一個檢討日期。由於每個人的計畫都不太一樣，所以這個日期可以依據自己的情況而訂。但我建議，一開始可以把檢討日期抓在展開行動後的三週左右，之後再視實際的情況調整較佳。

你會發現，當摸透計畫中的哪些方法對你有用、又有哪些方法對你沒用時，檢討日期的間隔時間就能越拉越大；直到這個新習慣逐漸自然而然地成為你的新典範，才不必再特意訂定檢討日期。

如果在檢討日期還沒到之前，就覺得這份計畫對現階段的你來說「過於簡單」，也請別急著做出更動，最好的做法是耐著性子繼續按照計畫執行到檢討日當天。因為你還需要透過更多情況來測試這套計畫的能耐，因此在檢討日之前，請持續觀察這番改變對生活的影響。另外，如果到了第一個檢討日當天，還是覺得這份計畫過於簡單，根本無法考驗決心，那麼就可以著手更動計畫，讓它變得更有挑戰性。

小叮嚀

如果進入此階段後萌生推遲「行動」的念頭，請務必特別留意這種心態，因為這表示你想逃避可能面對的不適。以我個人為例，在發展出「自我善待法」之前，光是想到「該開始減肥了」這件事，就足以讓我興起一股想趁減肥前，好好大吃一頓的衝動。另外，在輔導藥物成癮者的過程中，我也才了解到，這通常也是我的個案在進社區勒戒所的前一晚會做的事情！**記住，你所做的任何改變，都不是在「否定」你的過去**。只要你願意，你還是可以隨時回頭去做你喜歡做的事情。但是，如果你已經為了這個改變做了這麼多的準備工作，我想此刻的你大概也會想盡快展開行動，並看見成果。

先擬定初始計畫

擬定初始計畫的理想標準是：它能讓你做出對你有一點挑戰的改變，但這個改變又不至於自我懷疑是否做得到。在這個打頭陣的計畫中，最重要的不是要做出什麼重大改變，而是只要有照你說過的話去做。如果能做到了這一點，那麼在三週後的檢討日那天擬定更具挑戰性的計畫時，不僅心態會跟一開始大不相同，且長期堅守更遠大計畫的可能性也會增加。雖然這些最初的短期目標無法讓你出現什麼重大的轉變，但它們卻可以挑戰現狀，幫助你：

- 開始「關注」你的思考模式，例如：對眼前情境的看法、自我破壞的心理和找藉口的心態等。
- 開始感受到你的習慣對你有多大的影響力，左右著日常的選擇。

- 給自己一個機會，增加你對自我和自身能力的信心，如此一來，在設立下一組目標時，就會感受到自己的價值和抱負。
- 給自己一個初步的架構，從中觀察自身偏好，讓你在擬定接下來的計畫時，有參考的基準。
- 用它們為你帶來的喜悅、活力和抗壓性提醒自己，它們證明了你（和其他人，如果這對你很重要）錯估了你擁有的能力。

在第一階段中，請盡可能運用各種分散注意力的技巧，將你暴露在觸發因素下的機會降至最低，並針對無趣和其他高風險情況擬定短期的活動和策略。儘管閃避那些會令你感到不適的情況並非長久之計，但在這個階段，這麼做還是有好處的。

執行計畫期間的不同階段感受

擬定計畫的過程非常個人化；即便目標相同，每個人的計畫還是會因時間的安排和評估成果的方式，產生很大的差異。再者，每個人在一開始擬定計畫時，對自己有多少自信心，也會影響到計畫的安排。因此，我不會告訴你應該把驗收日期或檢討日期設在什麼時候，或者需要用哪些特定的舉動來證明自己已經進入了新的階段；我只會告訴你，在執行計畫時，你應該會對這段過程產生什麼樣的感受，而原則上有以下三階段：

—第一階段—

「哇，我成功做到了！我很驚訝自己竟然有能力做到，我覺得充滿力量又自豪。原來這並沒有我想像中的困難。永久改變絕非天方夜譚。我覺得我可以逐步增加計畫的挑戰性，不必再擔心自己會因承受不住它們而脫序演出。我對內心自我對話的關注變多了，也會開始留意到我說了哪些對自己不友善的話。不過，我仍有許多事情要納入計畫，還要確保它們不會對我造成壓力，或讓整個過程變得更加困難。雖然現階段的計畫，我多半都能得心應手的執行，但其中我也經歷過幾次挑戰，差點把持不住自己。

我知道凡事起頭難，短期內必然會面對一些讓我感到不自在的狀況，但只要我有耐著性子一步一步地按照事前的準備去應對，這些難關都會被我一一克服。」

—第二階段—

「這是對我有幫助的計畫。我不僅覺得自己變得更有自信和更有能力，還發現我對這樣的處事方式已經沒那麼生疏。在經過各種不同狀況的考驗後（有些在我預料之中，有些則沒有），我想這份計畫已經沒有什麼需要再進行調整的部分，現在我只要繼續以這樣的方式穩步前行，終有一天必定會走到我想要去的地方。此刻我不但越來越少出現把持不住的情形，也能以我覺得友善、健康、可持之以恆的習慣，去應對可能使我破戒的觸發因素。

另外，當出現渴望、衝動或負面的內心話時，我發現自己也越來越能平靜看待，不再急著為它們找藉口，或想靠其他方法來分散我對它們的注意力。當我遇到意料之外的高風險情況時，我也能藉由參考地圖和我過往的經驗沉穩應對，因為我覺得自己從這一路的改變得到了許多好處，整個人也變得更有抗壓性。簡單來說，現在就算我因一時的心情不好或無聊，出現想走回頭路的渴望或衝動時，也不會急著找其他事情來分散自己的注意力，或尋求其他人的支持；相對的，我什麼也不會做，就這樣靜觀其變地讓這股渴望或衝動自行消退。我還注意到生活上的許多面向都提升了，有些甚至還是我在擬定計畫時想都沒想過的。」

—第三階段—

「現在，我想做出的改變已經成為我的常態，我幾乎不曾再出現重回過去行為模式的念頭。即使有這樣的念頭，也都只是想想而已，不會真的付諸實行。一直到我有一天要為另一個習慣擬定新計畫前，我都會保持目前的習慣，並讓自己更敏銳地察覺到生活中的各種微妙觸發因素。我會在許多微小的日常活動上下功夫，藉由它們提升我對自己的照顧、引領我用更友善的態度與自己對話，並增進我的整體自尊心。我非常清楚自己的觸發因素有哪些，而且每一年，不論我想改變哪個特定習慣，我都會用更好的方式應對它們。無論我的新習慣看起來有多平常，我都會時不時看一眼我在改變之初繪製的地圖，反思自己這一段時間已經走了多遠的路。我知道我需要這樣做，才能避免自己出現妄自菲薄，或是得意忘形的心態。」

有效管理初始階段很重要

這種先以短期計畫為執行目標，搭配頻繁檢討、調整長期計畫方向的作法，是發想自「階段式戒斷法」（sobriety sampling）這種常用於成癮治療的概念（譯註：「階段式戒斷法」〔sobriety sampling〕是成癮治療的一種技巧，目的是讓個案先嘗試一段時間不要接觸成癮物質。研究證據顯示，能做到一段時間不去接觸成癮物質的個案，多半都能因治療受惠〔Project Match Research Group, 1997〕）。

「階段式戒斷法」會要求個案給自己一個機會，在某段他們也能接受的特定時間內，不去碰觸那些他們上癮的物質，藉此短暫體會自己完全戒斷它們時的生活轉變。以想戒酒或戒菸的人為例，把一開始的目標定在「一個月不喝酒、抽菸」，多半能讓他們在這段期間感受到不少意想不到的正面影響。

再者，這種把目光集中在短期目標的作法，還能避免我們因覺得長期目標過於遠大，萌生的各種自我破壞念頭，例如「這是我一生必做的事嗎？」

在這裡我想送給你一句我聽過的話：**「想要在黑暗中駛過數百里路，看清眼前每一公尺的路是你要做的唯一一件事。如此一來，就能越來越接近你的最終目的地。」**我有位想減少飲酒量的個案，把他最初三週的計畫目標設為「每週只能選兩晚喝定量的白酒」。計畫中還包括了例如「週日晚上不可以喝酒」和「不可以連兩個晚上喝酒」之類的細項規範。他之所以會規定自己不可以在週日晚上喝酒，是因為這會讓他在週一提不起勁，又變得比較沒有抗壓性，但是週一正是他需要最多能量的那一天，嗯，因為那一天是一週的開始。至於每週要在哪兩晚飲酒，他會在每週日依據他的行事曆安排。

當然，這位個案有時候一定會碰到，到了週六夜晚很想去小酌一番，卻已「用完」每週飲酒額度的情況。我格外關注他處理這種情況的方式，因為這種情況會讓他不得不放棄某些東西。這種時候最容易讓我們產生一股「剝削自己的感覺」；而剛開始執行計畫，不得隨意更動計畫的初始階段更是萌生這類感受的高峰期。因此，我常會對有這方面問題的個案說：「如果覺得自己在破戒後，對你自己的感覺和說話的態度會比放棄一天夜生活來得糟糕，那麼這就是你的答案。」有失才有得，你在擺脫陳年積習的過程中，多多少少必須做出一些忍讓和犧牲。

此外，有時我們也很容易就會輕忽改變的重要性，或出現「明天再做」的拖延念頭，想要等到下個星期一、聖誕節之後，或婚禮或假期過後再去執行。老實說，只要有心推託，我們永遠都有找不完的藉口。輔導到有這種情況的個案時，我會請他們去看看他們的「我做出改變的人生」地圖，並提醒他們，不論有沒有做出改變，他們為自己選定的那個日期都會很快到來。

言歸正傳。後來那位想減少飲酒量的個案告訴我他會這麼做；他說，如果他已經把每週兩晚的飲酒額度喝完的話，週六就不會再出門。不過，在他意識到可能碰到這種狀況後，就會把原本飲酒的時間從週日往後挪到接近週末的那幾天，以確保自己不會因此放棄什麼想去的週六活動。另外，他還知道自己在開始執行計畫的兩週後，會面臨一個大挑戰，因為到時候他要在週日去參加一場板球比賽。他之所以會把這場活動視為他減少飲酒計畫中的高風險情況，主要是因為這類活動經常免不了賽後把酒言歡的聚餐。

沙盤推演可能的阻礙

為了降低週日板球比賽對計畫造成的衝擊，我們事先針對他在板球比賽前、後的生活做了一場沙盤推演，以確保他能對此做出萬全準備，在比賽結束後的那個週一盡可能用友善的態度對待自己，別讓自己被沒有意義的自我破壞念頭壓的喘不過氣，做出徹底脫序演出的舉動。

舉例說明，比賽前的那個週五，他會安排好他週一的工作，確定週一他不必面對堆積如山的工作。同時在比賽過後的週一夜晚，會為自己準備一頓健康、美味的晚餐，並約一個不太喝酒的朋友去看一場他關注了好一陣子的電影。他對他週一可能萌生的自我破壞念頭也會有心理準備，能用「對、對，我知道這個念頭一定會找上我，但無論如何我都會堅守計畫」的態度去面對想喝酒的衝動。

然後當晚睡覺前，他會把自己週一成功滴酒不沾的舉動視為一種成就，並將之記錄到相關的地圖上。如此一來，就算他週日因板球比賽破戒小酌一番，到了週二，他也能像是從未背離計畫一般，讓自己的生活繼續按照計畫前行。套句美國爵士音樂人邁爾斯．戴維斯（Miles Davis）說過的話：**「彈錯一個音符不是決定你表演好壞的關鍵，你接下來的演奏水準才是。」**這句話可說道盡了復發管理的核心精神。

此外，我們還列出了該個案在計畫初始階段，可以做哪些事填補那些原本在喝酒的時間（在他展開計畫前，平均每週有三到五個晚上都泡在酒吧）。起初，他很想將大多數的時間都用上健身房取代（很多人似乎都會有這種想法）。如果他體魄強健、本來就有健身的習慣，那這當然是個很好的選擇，但他並不是這樣的人，所以這樣的安排對他來說，一定不會是個有趣、輕鬆的體驗。再者，萬一他第一天去健身就搞得自己隔天全身痠痛，說不定還會讓他冒出想在當晚喝一杯「放鬆」或是「獎勵」一下自己的念頭。因此，為了避免落入這種情況，我請他列出了一些他短期內可以用來打發時間，但又不至於對他造成過多負擔的活動，供他做為安排現階段時間的參考。他列出的活動包括：

- 閱讀。
- 參觀博物館。
- 更新地圖和日誌。

- 泡澡。
- 看記錄片。
- 尋找合適的吉他課程。
- 烹飪。
- 聽Podcast。
- 早點上床睡覺。
- 規畫一些可以在不喝酒的情況下，慶祝自我成就的方法。
- 到自己不熟悉的倫敦街頭走走。
- 做一些輕鬆的日常家務，讓它們不會越積越多。
- 在通訊軟體上和昔日老友聊聊天。
- 研究自己下一個假期的行程該如何安排。

在改變的整個過程中，可能會覺得處處都充滿會觸發破戒的高風險因素，而且時不時就會找各種藉口，想重回那條你已習以為常的舊路。

我的部分個案，不僅會在與我面談的時候回報他目前計畫執行的狀況，甚至還會在他更動計畫時，寄一封電子郵件給我，讓我知道他們已經更改了計畫的那些部分。他們會寄信給我，倒不是因為希望我回覆他們、給他們建議，而是想要向我聲明和澄清他們更動計畫的意圖。這種舉動多半會發生在他們剛開始執行計畫的時候，因為他們擔心自己會動不動就隨意更動計畫的內容。另外，這樣的舉動也能確保是經過深思熟慮才更動計畫，因為如果更動計畫的理由沒什麼太大的意義，恐怕也很難理直氣壯地向其他人解釋它們！

不過凡事總有不盡如人意的時候，即便再怎樣精心安排計畫，有時候還是會碰到一些出乎我們預料的狀況；假如事情發生的當下，我們又剛好處在一個抗壓性比較低的狀態，很可能就會突然發現自己落入一個高風險情況中。

這種因為不可預見的原因，必須更動日常計畫的舉動，也是經常觸發個案萌生自我破壞心態的因素，他們可能會想：「哦，我現在已經搞砸了這個計畫，必須花時間再重新打造一份全新的計畫，讓一切重頭開始。」我自己過去之所以會一直在減肥和復胖之間無限輪迴，就是因為我常會在自己因饑餓或無聊破了一個小戒後，就把這個小過失無限放大，徹底否決了過往的所有的努力。

在這裡，我要分享我的一段個人經驗；這是我在執行計畫第一週時，發生的一些事，這些事其實也很常發生在每一個人身上。當時一切都進行得很順利，我也對自己的進步感到很滿意。我決定去上一堂我在廣告上看到的免費瑜伽課程。我知道那天晚上對我很重要，因為我正嘗試去體驗一些過去從未接觸過的東西，因此即便結束了一整天忙碌的工作後，天空下著大雨，肚子也飢腸轆轆，我依舊興匆匆地搭車前往瑜伽教室。老實說，我本來就知道雨天和肚子餓是我的罩門，很容易觸發我想大吃大喝的衝動，但當下想去上瑜伽課的渴望似乎讓我變得不太在乎它們。我那時候大概是這麼想：「說不定雨天和肚子餓已經不再是我的罩門了。我變了。我變好了！這個計畫確實有效。天哪，我現在竟然要去做瑜伽！誰說得準呢？說不定我會因為這堂課迷上瑜伽，甚至變成一位瑜伽教練！」

然而，當我抵達瑜伽教室，興致高昂地要報到上課時，卻被櫃檯人員告知，這堂課因為教練生病取消了。頃刻之間，全身被大雨淋的濕透的我，突然深刻感受到我身上的飢餓感和疲累感。接著負面的想法也如排山倒海而來，我覺得自己的計畫沒有穩健的基礎，應變的對策不夠周延，思考的方式也不夠理性。

當時我心想，「到此為止吧！這個計畫還不夠周密，我必須再好好重新擬定整個計畫。現在又濕、又累、又餓的我，值得吃一些我減肥時不能吃的食物撫慰一下自己，要不然等明天我打造出一份新的完美計畫，我就不能再吃它們了……。」

老實說即使是現在，有時我也還是會冒出這種莫名其妙的想法。如果當時的狀況不允許我把這些事情寫下來，我又覺得自己特別脆弱，不想讓自己再被這些莫名其妙的想法搞得心煩意亂，那麼我就會大聲地把這些心裡話說出來。**這就像是有個朋友在跟我說話，希望有個聰明人能告訴他們，他們所說的話是否有道理**。坦白說，通常，那位朋友說的話聽起來都很荒謬：他們認為自己的所有努力，都因為一個偏離計畫的微小失誤破壞殆盡，使他們落入破戒和可能復發的漩渦中！

有時候，我在聽到自己大聲說出腦中自以為是的想法時，都會忍不住被自己荒謬的想法逗得發笑。不過，現在當我聽到我的內心又因為類似的事情，產生這類負面聲音時，我都會這麼想：

「當然，妳還是會那樣想，畢竟妳已經採用這樣的思考模式很多年了。但這樣的想法太荒謬了。瑜伽課上不成，直接回家就好了。回到家吃頓健康的晚餐，然後看一些妳喜歡的電視節目，或是坐著什麼事都不做，或好好檢視妳之前寫下，對妳來說一定不能破戒的所有原因也好。妳要知道，被一個妳不認識的人取消瑜伽課，並不是什麼足以讓妳徹底放棄計畫的理由。妳想到達的地方，比這件事重要多了。妳的計畫有很穩健的基礎，不會輕易被這種小插曲擊潰。」

我明白，無論我們多麼仔細地沙盤推演、擬定計畫，有時難免還是會碰到無法如願堅守計畫的情況，即便這個計畫為期不長。生活總是會時不時拋給我們一些無法閃躲的事情。因此一旦發生這種情況，不妨思考以下兩個問題：

一、我無法實現我設下的這一個目標，是否與我執行其他事情的能力有關？

二、如果要向他人解釋，為什麼眼前的情況會讓我在短期內不可能繼續堅守計畫，我的論點有說服力嗎？

養成日常行為，帶動習慣改變

如果你想改變的習慣，很抽象、很難用具體的標準來衡量成果；例如：化解自卑感或悲觀的思考方式（與戒菸、少用手機、少花錢和多運動等具體習慣相反），那麼可以把計畫的重點放在落實一些日常舉動上，它們能幫助你慢慢達成這類個人發展（personal development）的目標。這些日常舉動可能包括：

- 每天早上隨手寫下「晨間日誌」，預想當日的狀況，並事先針對那些可能出現自我質疑的情況和人物，擬定對策。
- 每日大聲朗讀自我肯定的話語（記住，做這類事情時，一定要把「撰寫自我肯定列表」也明確列為計畫的一部分）
- 做迴紋針挑戰之類的活動，每當發現對自己說了什麼苛刻的話，就從口袋取出一個迴紋針，放到另一個口袋裡。
- 每天早上做十分鐘的引導式冥想（guided meditation），免費應用程式或YouTube 影片都可以找到很多這類資源（再次提醒，這些事情也需要做一些準備工作。例如，尋找你聽得順耳的引導式冥想影片，這樣才不會因為不喜歡引導者的聲音，放棄冥想的念頭）。

- 完成「自我善待法」中的所有地圖。
- 承諾自己每天花二十分鐘（或撥出更長的時間）去做自己喜歡做的事情。同時承諾自己，你會拿出與他人共同合作計畫的相同態度，貫徹這個為自己訂下的計畫。

改變的做法不要過於極端

在輔導想要戒菸、戒酒、改變飲食習慣的個案時，我都會請他們秉持一個信念，就是不要想著要立刻把某個習慣抽離，而是要想著為自己增加一些其他的習慣。**大部分的個案都想直接改掉他們不想要的習慣，但是如果沒有先養成一個可用來取代舊習慣的新習慣，要做到這一點是非常困難的**。例如，如果習慣在工作的休息時間抽一根菸，那麼剛開始戒菸時，或許可以改成抽半根菸搭配一杯花草茶或白開水。

這樣，在下一次檢視計畫的執行成果時，就會發現已經幫自己建立了另一個能在休息時間感到放鬆的新舉動。然後，你的下一個計畫就可以透過增加在休息時間喝花草茶的頻率，慢慢降低自己在休息時間抽菸的比例。

如果你跟我一樣，很想在執行計畫之初就一口氣戒掉所有壞習慣（當然，對某些人來說，這或許行得通），但也請不要忘了「欲速則不達」這句話；很多時候按部就班地去做事，才是達成目標最省時的方法。

目光要長遠

這是我在輔導獄中男性囚犯時，經常與他們討論的重點；這些囚犯多半是因販毒入獄，而獄方安排我與他們會面的目的，是要我激起他們在出獄後，考慮從事正當職業的意願。

剛開始輔導的時候，他們常會告訴我，沒有哪個正當工作的薪水會比販毒的收入來的高。當他們告訴我，他們販毒三個月的收入是多少時，我多半也都會對他們的言論表示同意（因為那差不多是我當時薪資的四倍左右）。但也由此可知，許多販毒入獄的人都會陷入一種循環：他們因販毒入獄，然後在出獄後的幾個月，又會因販毒再次被抓進監獄，如此周而復始。

雖然一些電影和紀錄片給我的印象是，這些年輕人即便身在獄中服刑，還是有辦法透過獄外同夥的照應，繼續他們的販毒事業、獲取龐大的利益；但在與他們交談過後，我才發現事實顯然並非如此。

也就是說，他們在入獄服刑、無法販毒的這段期間，其實並沒有任何收入。因此，我會從這一點提醒他們：「對，也許販毒三個月的時間能讓你賺很多錢，但如果把時間拉長來看（因為這會算入他們反覆入獄，沒有任何收入的那一大段時間），你多年來的平均年收入並不會比做一份正職工作來得高。」經過我的提醒，他們往往都會嚇一大跳，因他們從沒想過自己的年薪竟然這麼低。

戒菸也一樣，若把時間拉長來看，就會看到不同的結果。對，你或許能馬上全面停止抽菸這個習慣，而且還可以保持這樣的狀態兩週，甚至是更長的時間。但如果這樣激進的做法會讓你經常落入破戒和復發的狀態中，那麼以為期六個月的時間來看，相較比較輕鬆、循序漸進地戒菸方式，你在這段期間的抽菸量反而會比較多。

總而言之，想要到達你想去的地方，並常駐該地，「善待自己」永遠是不二法門；有時候慢慢走，或許會比較快。

為此，**在擬定自己的第一個計畫時，務必要好好關照心理和情緒狀態，因為它們是決定能否長久改變的關鍵**。雖然，不可能面面俱到地料想到執行計畫時可能碰到的所有阻礙：高風險情況、外在因素或生理狀況等，但我們可以充分掌控心理狀態。請一定要記住，我們對自己的看法、對環境的解讀，才是決定是否會破戒、重拾過去習慣或堅守計畫的核心。如果執行計畫這段期間，仍有持續定期更新你的地圖和日記，那麼在這幾個月內，一定會記下很多超乎你此刻想像的高風險情況和感受。最後，二五二至二五四頁是給各位參考的擬定計畫範本，請將這些語句抄寫到筆記本中，並根據計畫的個人需求，填補句中空格。

擬定計畫

- 一完成所有必要的準備後，例如……，就會從……開始執行我的計畫。
- 我會致力於……（盡可能詳述計畫內容），每週……（填入天數、次數）。
- 對我來說，這份計畫不得討價還價的原則是……。
- 對我來說，「步入正軌」或「朝好的方向前進中」的狀態是……。
- 對我來說，「破戒」的狀態是……。
- 執行計畫時，無可避免但可能讓我背離計畫的特殊情況是……（我保證在開始執行計畫後，就不會再增添這一欄的內容）。
- 如果或當這些特殊情況發生了，我會確保它們不會讓我因為……而破戒。
- 萬一我真的破戒了（這不是在默許我可以這樣做），我將確保我能夠藉由……立即回歸正軌。
- 萬一我真的破戒了，我不會讓情況因為……而惡化。
- 可能使我萌生放棄念頭的想法、感覺、人物和情況是……。

・我想放棄的時候會去做的事情……。

・我會用……的方式慶祝堅守計畫三週。

・我檢討這份計畫的日期是……。

檢討計畫

・上一份計畫對我有用的部分是……。

・對我不太有用的部分是……。

・我對自己感到驕傲的事情是……。

・我現在知道我下一份計畫需要囊括的事情是……。

・我沒有預料到的高風險情況有……。

・我新的三週計畫會致力於……（盡可能詳述計畫內容），每週……（填入天數、次數）。

・對我來說，這份計畫不得討價還價的原則是……。

• 對我來說，「步入正軌」或「朝好的方向前進中」的狀態是……。

• 對我來說，「破戒」的狀態是……。

• 我執行計畫時，無可避免但可能讓我背離計畫的特殊情況是……（我保證我在開始執行計畫後，就不會再增添這一欄的內容）。

• 如果或當這些特殊情況發生了，我會確保它們不會讓我因為……而破戒。

• 萬一我真的破戒了（這不是在默許我可以這樣做），我將確保我能夠藉由……立即回歸正軌。

• 萬一我真的破戒了，我不會讓情況因為……而惡化。

• 可能使我萌生放棄念頭的想法、感覺、人物和情況是……。

• 我想放棄的時候會去做的事情……。

• 我會用……的方式慶祝堅守這份計畫。

• 我下一次檢討計畫的日期是……。

那些能立刻按照計畫展開行動的人，多半不會把計畫弄得太過繁瑣，或找藉口推託展開行動的時間點。然而，無論你是屬於哪一種人，接下來的內容對你都會有很大的幫助。它們會告訴你，當萌生那些想延宕計畫的藉口時，該怎樣對付它們；以及在你還不熟悉那些新建立的舉動時，該如何維持它們。

不給自己找藉口

剛開始，你一定要盡可能把所有可掌控的事情都納入考量，以提高貫徹計畫的可能。諸如，確認完成必要的採買、通知會受到你計畫影響的人、在手機設置提醒，或拍下你的地圖等各種準備，以上這些都能讓你在需要時，快速取得必要的支援。然而輔導個案時，這個部分有時對我而言有點棘手，因為一方面希望他們能花時間好好規畫自己的計畫，但另一方面我又知道他們可能會以「規畫計畫」為由，推託展開行動的時間。

為了降低「找藉口」的理由，最安全的做法，是一開始就假定可能產生復發狀況的危險期會持續很長一段時間；如此一來，也許就會一直保持戰戰兢兢的態度，並在應對每一種狀況時，都會審慎考量不同方式可能產生的後果，然後從中選出最恰當的應對方法。

請放心，只有在剛開始執行改變計畫時，才需要隨時保持在這種極度戒慎恐懼、先發制人的狀態，待不斷把計畫調整到最適合的模式後，執行計畫的重點就會著重在維持現況上，致力將現況的許多舉動變成習慣。一旦開始對自己的轉變感到驚訝，同時這些轉變也成為你的「常態」時，就比較不需要準備那麼多的對策來避免自己脫離正軌，因為：

- 你會想要守護自己「獲得的好處」。
- 你會很有成就感，覺得自己很能幹，而這都是你想多多益善的東西。
- 生活中許多過去從未想過的方面都得到了改善，它們有可能是在改變了特定習慣後直接產生的正面影響，也有可能是在改變習慣後，自信心提升、做出了新的選擇，所間接產生的正面影響。

- 你會克服一些當初懷疑自己能否克服的高風險情況，所以你會覺得自己對未來可能碰到的觸發因素有更大的抗壓性，即便它們不在你的預料之中。
- 你會自然而然地習慣這些轉變，讓它們更有組織地融入生活中。
- 你能快速想起改變的理由，還有中止內心對自己的負面評論。
- 你的行為會有一套新的自動導航模式（且這個模式是你自己設定的）。
- 自尊心提升，並相信自己有能力達成長期的目標。
- 對自我破壞想法的洞察力會更敏銳，且比較不會再聽信它們。
- 會用更友善的態度和自己對話，降低用自我破壞想法霸凌自己的頻率。
- 你不想證明其他不看好你無法維持新習慣的人說對了（雖然這不是什麼值得我們自豪的事情，但短期內它確實能激勵我們堅守計畫。當然，就長遠來看，對自己的質疑，才是唯一要在乎和證明的對象。）

接下來，我想分享一些我在輔導個案時，當他們還沒到達維持階段，在展開行動前或展開行動的初期，經常跟我討論的幾個主題。

克服怨恨和自憐心態

無論是採取行動之前，或是連續執行計畫幾天後，一旦發現事情的挑戰性變得越來越高，你腦中就會開始默默產生「為什麼是我？」的想法。這個時候，若能先發制人地針對這種想法擬定對策，並下定決心不要讓這種想法提早搞砸計畫，一切就會變得完全不同。

有時會對自己感到悲哀，是因為發現某些我們覺得很難做到的事，對別人來說卻輕而易舉，而且他們甚至不需要為此擬定任何「計畫」；因此，我們或許會開始嫉妒那些不用面對這些挑戰的人，並認為自己活得比其他人辛苦。雖然，說不定事實確實如此，但這樣胡思亂想並不能把我們帶到我們想去的地方；相對地，通常還會把我們推的離它更遠。

我輔導過一位個案，她的母親在她很小的時候就教她吸海洛因。到她十幾歲時，她的身體已對海洛因產生很大的依賴性，必須靠著犯罪來金援她和她母親（還有她母親的伴侶）的這個習慣。後來她因犯罪被捕，於緩刑期間接受美沙冬

（methadone）替代療法，才終於有機會改變自己的人生。

初次面談時，她對她的母親有非常大的怨恨，但一段時間之後，她對母親的怨恨，反倒轉為一種對母親過去悲慘際遇的憐憫。這個案例對我的影響很深，每當我出現「為什麼是我？」的想法時，都會想起這位個案說過的一句話，這句話不只充滿善意還極具力量，她說：**「發生這種事情不是我的錯，但面對它是我的責任。」**

輔導個案探索他們的核心理念時，有時候他們也會對最初灌輸他們這些觀念的人心生怨恨。在這些情況下，這段話也可以給他們很大的力量。

除此之外，個案也可能對我這個諮商角色和改變的過程產生怨恨。

有時候，光是要求個案必須以更敏銳的態度觀察自己，找出他們打算讓自己偏離正軌的藉口，就會惹得他們不太開心。因為他們在聽到自己大聲唸出他們寫下的藉口後，多半都很難允許自己做出偏離計畫的舉動，尤其是在明白這些藉口有多荒謬的情況下。正如我的某位個案所說，此舉就像是我沒收了她的紓壓小物「去你的！按鈕」（f*ck it! Button）。然而，在提升自覺力和讓自己朝更好的方向邁進時，有時候你一定要想辦法讓自己跟這些東西說再見。因為這樣人生才會少一點「逃避問題」的場面，多一點「面對問題」的勇氣。

怨恨和自憐的感受，神出鬼沒；有時候它們會在某個瞬間突然湧現，殺得你措手不及。比方說，你有可能連續好幾週都沒有一絲怨恨或自憐的想法，但在下一瞬間，它們就從某處鋪天蓋地而來，讓你有好一陣子都只能被這樣的想法籠罩。與我們之前說過的一樣，想要讓自己擁有更高的自覺力，一定要設法防患未然。永遠都要記住，你最終的選擇才是決定這些可能破壞你計畫的想法，能否付諸實行的關鍵。

最近有位個案告訴我，當她對自己必須為飲酒擬定計畫這件事感到不滿時，都會提醒自己「是想要堅守計畫保有喝酒的樂趣？還是想要讓酒徹底離開她的生命？」她喜歡喝酒，也想繼續喝酒，但由於她從來不曉得該如何拿捏飲酒的分寸，所以就她目前的情況來看，嚴格遵守計畫是她最好的選擇。

想像已成功改變，能避免誘發

就我個人來說，即便是現在，我仍會在極少數的情況下（通常是被某事搞得特別心煩意亂的時候）什麼也不想做，只想拉上窗簾大吃大喝垃圾食物「放縱自己」，暫時「逃離」現實一下下。但是我太清楚這一切會帶來什麼後果了。從理性的角度來看，我知道我這樣的舉動是在虐待自己，而且這樣做並不會改變讓我不開心的情況。有時候，我回過頭去看那些讓我脫離正軌的藉口，都會被自己的創意逗得發笑。坦白說，這真的是「旁觀者清，當局者迷」，我自己都很訝異，當時的我竟然會認為那些荒謬的藉口很有道理。

在改變的初始階段，每當我還是讓自己因某個胡說八道的想法背離計畫時，我都會把它寫下來，並堅定地告訴自己，這是最後一次，以後不許再因這個理由脫序演出。（順帶一提，這不是在「默許」破戒。況且，你也不需要我的「默許」。因為你是自願做出這些改變，而你為自己所做的一切，就長遠來看，都是為了讓生活變得更加愉快。）

有時候個案會對自己生悶氣，氣他們竟然會讓事情走到這步田地。他們會開始想，如果早點展開行動，改變對他們而言說不定就不會那麼困難。又或者他們會想，「如果我一年前就展開行動，到現在我早就已經……」。那些記錄著他們負面想法和這類思考模式殺傷力的地圖，更會讓他們意識到，如果繼續放任這些負面想法為所欲為，情況會變得比他們原本以為的「更糟」。**因為它們不會讓他們勇敢地面對問題、承認自己需要改變，反而會讓他們對自己越來越失望**。

不過，關於你「希望自己有早點展開行動」這一點（雖然這麼說有點抱歉，但我必須坦白告訴你，實際上你當初就是沒有這樣做），是的，現在才開始改變的難度，或許會比一年前更高，但按照相同的邏輯來看，一年後再開始改變的難度，仍然會比現在高。

為此，無論是否改變，你在「我做出和不做出改變的人生」地圖上寫下的目標日期，以及你為計畫設下的檢討日期還是會到來。許多個案告訴我，說到他們的習慣時，都會覺得自己的生活只會因為它們變得越來越好或越來越差，不會有所謂能讓他們長久保持現狀的中間值。如果是這樣只需要記住，不論你現在是否展開行動，時間都將以相同的速度消逝，或許你就會知道自己的下一步該怎麼做。

以前輔導過的一位個案，就自己想出了一個她覺得很有用的小訣竅，在這裡跟大家分享。

她有抽大麻的習慣，而且每天都要抽上五根大麻菸捲。戒大麻的時候，她雖然常能一下子就把大麻完全抽離她的生活，但這種情況頂多只能持續個幾週。後來她意識到，在那些她覺得自己抗壓性不太好的時刻，腦中總會出現這樣的想法：「到目前為止，我幾乎沒因此獲得任何成就，兩週不抽大麻根本就不可能改變我的人生。」這種想法會令她感到沮喪，看輕這兩週沒抽大麻的成果，甚至助長她破戒的衝動。（雖然在她抗壓性好的時候，她會知道對她這個抽了十幾年大麻的人來說，兩週完全沒碰大麻是一個多麼大的成就，就算說這是她這輩子做過最艱辛的挑戰也不為過。）然而當她一找到這個觸發因素，爾後她出現這個想法時，就會告訴自己，要把自己當成是一個已經戒了一年大麻的人，因為這樣身經百戰的人物設定能讓她在面對這樣的自我質疑時，展現全然不同的堅定態度。

聰明對付拖延的技巧

「才剛開始，我大可從頭來過」的想法非常普遍。比方說，假設今天是展開計畫的第一天，下班回家後你必須開始執行某套行程。也許你早已為了今晚的行程做了一絲不苟的安排，為了讓你能充滿驕傲和成就感的進入計畫的第二天，一路平順的執行往後的計畫，你備妥了所有需要的東西，打造了所有最有利計畫進行的條件。然而，就在一切準備就緒，整天都想著下班後要怎樣好好按表操課的時候，你的某位同事卻在即將下班的前半小時告訴你，她今天糟透了。

如果這件事發生在一週前，你會問她要不要吃個晚餐、聊一聊，或是不假思索地在下班後留下來陪陪她。但此刻，你需要好好想想自己該如何處理這個狀況。

我們都有一套評斷事情輕重緩急的標準，當然，你多少也會碰到這種情況：你在乎的人需要你的幫助，而且這件事比落實改變計畫更重要（即便是上文的例子，都有可能屬於這類例外）。但是不管怎樣，在這個時候你都要記住（特別是在早期階段），從打算改變自己的那一刻起，**就一定常會有這種自己在大浪中逆流前行的感覺，而此時任何理由都可能被你當成延遲計畫的藉口**。你甚至可能需要提醒自己，現在才剛踏上改變這條路（儘管到目前為止，你已經跟著「自我善待法」做過這麼多地圖，覺得自己好像已經走上好長一段路，但情況並非如此！）。請記住，你的身心已經用同一種方式運作了好一陣子，而現在所做出的一切努力，都是為了要打破這種習慣。

剛開始執行計畫時，無論你覺得自己的抗壓性有多強，或你的計畫有多麼面面俱到，都要做好自己的動機隨時有可能上、下浮動的準備。不要忘了，就算在執行計畫前做了再萬全的準備，也不可能百分之百料想到在實際執行計畫時，可能碰到的每一種觸發因素，以及它們發生的方式和時間。

繪製「不給自己找藉口」地圖

有了這個概念，現在我們就來思考一下，你的動機可能受到哪些藉口或拖延技倆動搖。按經驗來說，我希望各位在以下幾個時間點，都要仔細思考腦中可能冒出什麼樣的藉口和理由，來破壞該階段的執行力，分別是：計畫執行前、計畫執行中和計畫完成後的維持期。

首先，在地圖中央寫下「不給自己找藉口」，並在其周圍畫一個圈，框住這幾個字。然後，記下以下提示的答覆，並用一個一個圓圈框住寫下的每一件事（可參考左頁的地圖範例）。

- 你不想再重蹈覆轍的藉口和拖延技倆。
- 你對這個計畫已經想到的藉口和拖延技倆。
- 執行計畫幾週後，你可能會用來背離計畫的藉口。

你或許也會發現，以下句子能貼切地表達找藉口的心境：

- 「現在還不是時候，因為……。」
- 「實際上，改變並不是那麼重要，因為……。」
- 「……是一個例外，因為……。」
- 「……讓我不可能馬上改變。」
- 「現在想想，我當初太不切實際了，這個計畫根本行不通，因為……。」

完成後，瀏覽一下列在地圖上的藉口，並仔細思考你對它們的看法。因為只有

請參考這張範例，動手繪製出專屬個人的地圖吧！

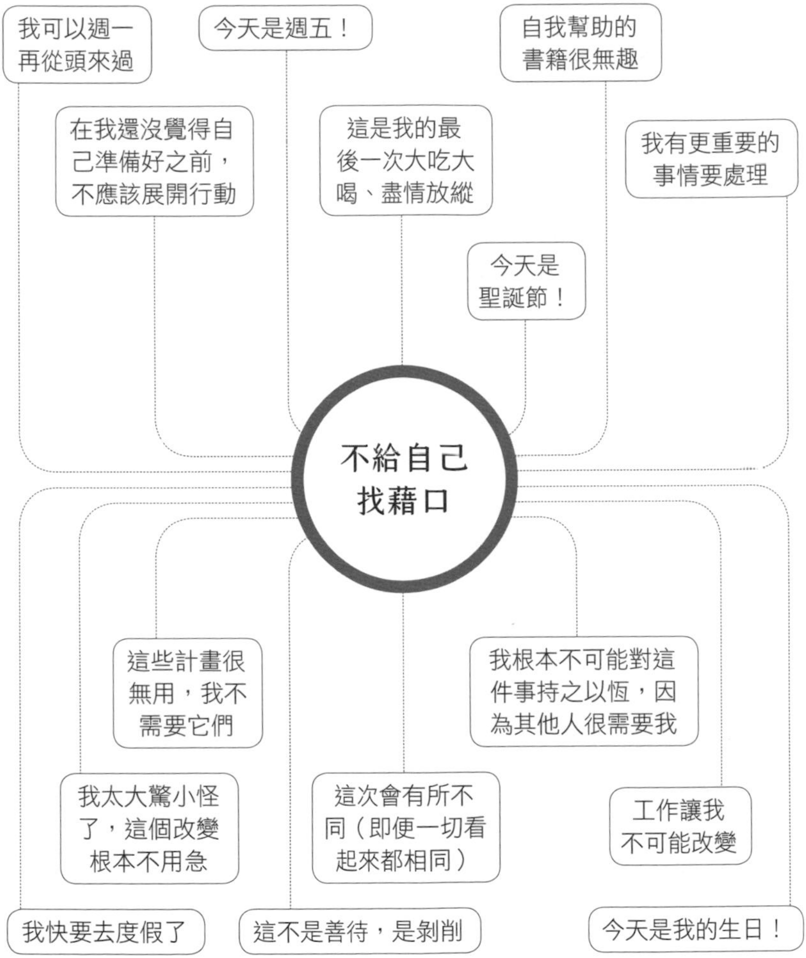

不給自己找藉口
我可以週一再從頭來過
今天是週五！
自我幫助的書籍很無趣
在我還沒覺得自己準備好之前，不應該展開行動
這是我的最後一次大吃大喝、盡情放縱
我有更重要的事情要處理
今天是聖誕節！
這些計畫很無用，我不需要它們
我根本不可能對這件事持之以恆，因為其他人很需要我
我太大驚小怪了，這個改變根本不用急
這次會有所不同（即便一切看起來都相同）
工作讓我不可能改變
我快要去度假了
這不是善待，是剝削
今天是我的生日！

自己曉得，這些寫在紙上的理由是否具有說服力。這當中當然會有些理由讓你覺得合情合理，這沒什麼關係；但我想，這當中一定也會有些讓你覺得荒謬可笑，根本不值得你為它們延遲達成長期目標的時間。

用日常的小確幸，補給抗壓性

我覺得我在執行計畫時，對抗誘惑的抗壓性，就像一個杯子；而我會隨時隨地在生活中找機會，創造各種小確幸，去填滿這個杯子的空間。例如：

- 如果天氣好，我又有時間，我就會提早幾站下車，沿著河濱或公園的步道漫步回家，享受陽光。
- 如果讀到太多哀傷的新聞，我會打電話給我的開心果朋友平衡一下情緒。
- 如果看到超市的花卉在特價（且手頭又有餘裕），就會替自己買一些花。
- 如果我在街頭散步時，聽到某輛正在等紅綠燈的車傳出我喜歡的音樂，我可能會稍微放慢腳步，讓自己能多聆聽一下那首歌曲。

有時，就連多沖一分鐘不必要的澡，這麼微小的舉動，都可以讓我感到幸福，因為我很享受站在蓮蓬頭下，熱水當頭淋下的感覺。

我隨時都在監控這個杯子的狀況，看看它為我裝填了多少的抗壓性；當我發現它的存量降得很低的時候，就會設法用一些理想或應急的方法快速補給。對我來說，一個人去電話亭KTV唱歌就是個理想的方法。但是，萬一碰上下雨，或手頭不寬裕，或只想自己一個人在家的時候，這個方法或許就不是補給抗壓性最好的選擇。這個時候，我就會啟動應急方案，像是看看我的「我擁有的人格特質」和「令我引以為傲的時刻」地圖、關掉手機、看一部能撫慰我的童年電影、在家點個香氛蠟燭、打電話給某個特別要好的朋友，或是直接早點就寢，讓自己看書看到睡著。另外，有些有養寵物的個案發現，花時間陪伴毛小孩對補給抗壓性，也有很大的幫助。

還有一點很重要，就是一定要用慎重、專注的態度，去看待這個善待自己、為自己創造小確幸的過程。

舉例來說，當我跳下捷運車廂，享受陽光灑落身上的那十分鐘路程時，會把手機切換成「請勿打擾」模式；如果要找個朋友好好聊天，我會找一個能給我正能量的朋友當談話對象，不會去找一個只想跟我抱怨工作的朋友。不過，就在我寫下這段文字的當下，我還是會聽到自己冒出這樣的想法：「這樣很自私，你應該永遠敞開雙臂為大家服務。」以助人為業的專業人士，對「職業倦怠」（burnout）和「同理疲乏」（compassion fatigue）的概念一定不陌生。當然，在排除緊急情況的前提下，我發現整體來說，自從我開始用大方和有同理心的態度對待自己後，我也能用更大方和更有同理心的態度來對待朋友和家人。

這些小事情不僅能帶給我們正能量、增強決心，決定去做這些小事情的舉動，還能強化我們應該且值得讓自己享受生活的信念。正如我們所知道的，這種想法可以幫助我們記住，我們值得擁有達成長期目標後的成就。

不要因預料中的困難而卻步

要做到這一點不容易。可是我相信，就算你明知道這場改變會是一場硬仗，你還是願意為它放手一搏。因為這個過程不單可以改掉不想要的習慣，還是一項有助於個人發展的投資，長期下來能讓人生的各個面向全面提升，並有助達成你為自己設下的任何目標。

不過在這裡我想請你思考一下。如果在此過程開始之際我問你，做出真正長久的改變有多困難，你會回答什麼。你會預期自己在前一、兩個月內，必須經歷幾分鐘、幾小時、幾天的困難、不適和挑戰？儘管有時候，這些時期的艱辛程度或許會超乎想像，但，光是預料這些困難可能發生的頻率或比例，就能為你帶來很大的力量和幫助。以我的個案為例，他們有些人會推測，執行計畫的三十天，會有十天非常具有挑戰性。然後，他們會把這個比例牢記心頭，藉此堅定他們的決心，等之後他們面臨到三十天中的第四個挑戰日時，心裡就會有個底，知道自己接下來要面對的苦日子只剩六個！

做一張「你是誰」的海報

當別人讚美我們的長處和成就時，有時候我們會非常習慣提出一些特例，去反騃自己並沒有他們說的那麼好；就算他們說的其實都是事實。有些人會發現自己很難欣然接受讚美，總是會覺得自己不值得受到讚揚。

看看你的「令我引以為傲的時刻」地圖。如果我告訴你，你在比較年輕的時候就已經取得了這些成就，那麼你覺得你會用怎樣的方式和這個世界互動？你會對這些成就產生更多的感激之情嗎？你會因此變得更有自信嗎？永遠不要忘記，我們執行計畫的目的，不僅是要表現出我們想要的特質，還要表現出我們已經具備的特質。

真正幫助我記住這一點的，是我掛在臥室的一張裱框自製海報；早上我會花三十秒讀過整張海報的內容（我手機裡也有這張海報的照片，方便我時不時拿出來看個幾眼）。老實說，起初我覺得這個舉動有點笨，但後來我與個案分享這個方法，許多照著做的人都發現它真的非常有用。於是，我也開始將這樣的海報當成禮物，送給那些深受「冒牌者症候群」所苦的朋友。製作海報的方式非常簡單，如果你認為這個方法對你有用，也歡迎你動手為自己做一張專屬海報。

製作海報時，請先從「我擁有的人格特質」和「令我引以為傲的時刻」地圖中，選出一些你最自豪的特質，然後再將這些你深信不疑的特質，如二七三頁的範例那

漢娜是……

仁慈

大方

勤奮

有耐心

值得成功

有趣

有修養

好夥伴

機智

獨立

聰明

值得關愛

獨特

友善

堅強

妳今天做出的每一個選擇，

都讓人看見了這以上些特質的影子，

因為它們確實是構成妳的一部分。

般排版、印出，貼在家中你經常會看見的地方。
這個方法能提醒你，改掉你不想要的那個壞習慣，只不過是改變了你與世界互動方式的一小部分。

故意製造的一些考驗

當你開始改變，會發現自己變得更有抗壓性，並更容易克服許多「意料之中」或「意料之外」會考驗你執行力的情況。你會在很多情況下接受考驗，而過去一直覺得自己很難或不可能在這些情況下貫徹的新習慣，竟也一一達成。因此，每克服一道關卡，就請盡快將它們增添到「令我引以為傲的時刻」地圖上；藉由這樣的記錄，你會開始注意到很多之前沒有給予自己掌聲的事情；請記得一定要這麼做，否則很可能又會像過去一樣，對於自身的「這些成就」視而不見。
在此必須再次強調，在新習慣正式成為新常態之前，這樣記下自己每一分成就的做法，能有效降低你為了逃避（你可以掌控的）高風險情況，進而走上破戒一途的機率。話雖如此，但「自我善待法」要你做的每一件事，其實都會讓你感受到自己的能力，並賦予你面對恐懼的抗壓性和勇氣。「自我善待法」希望各位明白的是，**高風險情況不應該是你破戒的時候，而應該是在展現自己有多少能力實踐你所選擇的時候；以及，你應該拋開那些以「我這種人就是做不到……」或「像我這樣的人永遠都無法……」的負面假設。**

我們已經討論過預測高風險情況和為它們做準備的方法，但誠如前面所說，我們的準備並非萬無一失，有些時候，我們確實還是會受到一些意料之外的情況突襲。我認為，要提升自己應對這種意外情況的能力，最好的機會就是按照自身的意願，刻意將自己置身在一個已知會對自己有所挑戰的情境之中。透過這種方式，一方面可以將意料之中的高風險情況視為測試自己能力的機會，另一方面，也可以藉此提升自己對意料之外的觸發因素的抗壓性。

然而請記住，千萬不要太早嘗試這個一不小心就會玩火自焚的危險遊戲。在一對一輔導個案時，我都會先多方評估他們的整體狀態，以了解他們當下的狀態是否適合嘗試這個活動。有時，個案會一直覺得他們做好了考驗自己的準備，此時我多半會建議他們再給自己一點時間，或委婉地提醒他們，不久之前他們才差點讓自己脫序演出。可是在這裡，沒有人幫你評估狀態的情況下，就只有你自己可以決定哪個時間點適合嘗試這個活動，所以我要給你一些忠告：請務必對自己誠實，並謹記，這個活動的目的是要你用兩個月的時間讓自己變得更好，而不是陷入為期兩個月的復發狀態。

另外，即便在改變這條路上已經走得很遠了、對新的習慣駕輕就熟，甚至無法想像你過去的生活；前幾次嘗試這個活動時，仍應該選在覺得自己最具抗壓性的時候。另外，隨著執行這個活動的時間越來越近，不論你對準備要挑戰的情況有多自在，都一定要時時評估自身狀況。

就跟克服許多害怕的事情一樣，在克服我們身處這些險境的恐懼時，一定要戒慎恐懼的面對眼前的挑戰，不可掉以輕心。即使前四次沒有遭遇太大的挑戰，你還是要知道，這不表示第五次依然能如此輕鬆過關。再者，也不要忘了，在克服高風險情況之後產生的「自滿」心態，很可能又會讓你立刻面臨另一個挑戰。

繪製「故意製造的一些考驗」地圖

在這張地圖上羅列出的特定情況，都是你認為可能會考驗決心，令你無法堅守當前目標的因素。這張地圖會涵蓋你寫在「哪些事會考驗我的執行力？」地圖上的內容。繪製此地圖的目的，是希望經由多次克服上述的每一種情況，體認到你不會輕易被這些情況打敗的事實。

—第一步—

首先，在空白的頁面中間寫下「故意製造的一些考驗」，並在其周圍畫一個圈，框住這幾個字。然後，寫下你對下列問題的答覆。記住，在打從心底相信自己已經徹底改變之前，你需要面對並克服這些（以及任何其他你可能想到的）情況很多次。

請試著問問自己以下幾個問題：

- 什麼情況最考驗我的動機？
- 什麼樣的困境會讓我驕傲的面對和克服，不會令我重拾想改掉的行為模式？

• 在貫徹改變時，有哪些特定的阻礙我似乎一直跨不過？
• 有哪些我已經知道即將發生的事件或情況，會讓我想放棄、恢復我不想要的過往習慣？

—第二步—

現在你完成了地圖，並列出了可能要面對的高風險情況。接著請思考一下，在有自信不再將它們看做高風險情況之前，你認為自己能在不同的時空條件下，克服這個考驗多少次，並根據你的預測值，在該情況旁邊畫下相同數量的方框，日後每當克服該情況一次，就可勾選一個方框。當然，若在方框快勾選完畢之時，覺得自己還必須再多經歷幾次這個情況，才有辦法游刃有餘的應對它，可以隨時增添方框的數量。

要用什麼樣的速度征服這些情況，完全取決於個人的狀態。有時候你可能會在一些意想不到的條件下克服它們，當這些機會發生時（尤其是你對這些考驗沒做半點準備的時候），可以觀察那個當下，眼前的情況對你是否還有一股把你拉回過去

請參考這張範例，動手繪製出專屬個人的地圖吧！

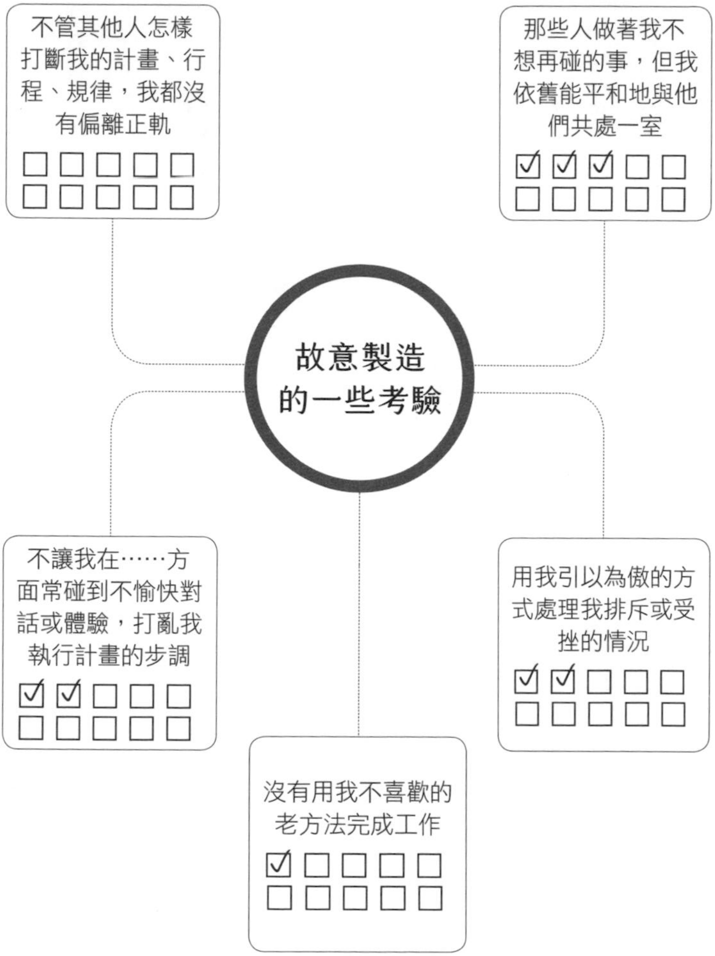

習慣的強烈「拉力」。最後，當你克服某個高風險情況的次數多到它再也不足以影響你的動機時，就可以放心地畫一個大叉叉，將它從這張地圖上除名。

何時能永遠改掉壞習慣？

這會因人而異，也會因習慣而異。但可以肯定的是，如果有仔細去探究習慣對你的幫助，並發現它對你沒有什麼特別的重要性時，那麼它對你的吸引力就會大幅降低，自然也就不太會去碰它了。

我經常聽到那些有吸毒經驗的人在爭論，他們究竟該把自己永遠視為「戒毒中」的人，還是該把自己視為「戒毒成功」的人。其實兩種做法都行得通，我也看過它們發揮了相同的功效。不過後者的思維與「自我善待法」的理念比較相近。

因為它雖然認為我們應該警覺自己的習慣有多麼根深蒂固，但它也強調在我們多次面對相關的挑戰並一一克服它們後，人生就會隨著生活中積累的許多小小「成就」越變越好。

記錄和慶祝里程碑

我們經常以「擺脫誘惑」的名目，慶祝和獎勵自己已經能游刃有餘的應對它們。當然，在這個慶祝和獎勵自己的過程中，我們不會再去碰那些曾經誘惑我們的事，因為要長久維持這份改變，最重要的就是不要走回頭路；要把眼光放遠一點，**不要只將這個過程當成是擺脫壞習慣的手段，更要把它當成是一班帶著你不斷朝理想人生邁進的列車**。永遠不要忘記自己做過多少事，事實上，我們忘記自己成就的速度總是出乎意料地快。因此，一定要持續把我們的新成就和發展記錄到地圖上，並找到新的方式慶祝它們。

話雖如此，許多人對自己成功把持住、沒去做某些事的獎勵，就是去做那些他們成功把持住、沒去做的事！這樣的慶祝方式不但一點創意都沒有，還會降低改變帶給我們的振奮感，因為我們竟然只是用「允許自己做一點糟糕事」，來獎勵自己「沒變成一個糟糕的人」。

關於酒精成癮

我輔導過的許多個案，其想改變的行為都跟酒精有關，考量到有這方面需求的大眾甚多，本節特別囊括了一些這類個案中，我認為非常有用的方法和技巧。

在前面的文章中，我分享的方法和技巧多半是成癮者徹底戒斷某一成癮物質的經驗，但接下來我要分享的方法和技巧，則是來自我成立私人診所後，幫助個案矯正行為的經驗。

這兩類治療的目標有非常大的不同。成癮戒斷治療，顧名思義就是要幫助個案「徹底」戒除某種成癮物質；以飲酒為例，需要接受成癮治療的個案，其日常生活通常都已被酒精搞得一團亂，甚至威脅到他們自身的生命。但是，我目前絕大多數個案的生活都沒因飲酒這件事天翻地覆，只是覺得他們的飲酒行為給自己帶來了一些困擾。他們來找我，是想讓自己有機會仔細思考：他們為什麼要喝酒、喝了些什麼、又要怎樣才能在不戒酒的情況下，讓酒精持續娛樂他們的生活。

這些個案常會覺得他們的飲酒習慣已不再適合他們現在的生活型態，但他們的酒還是越喝越多，且花費在酒上面的費用也越來越高。他們通常不樂見自己生活的許多面向都跟酒沾上關係，並希望能用更多元的方式抒發壓力、煩悶或社交焦慮。

從小地方開始改變

首先要把「改變習慣」這個想法，當作是一種自我探究（self-enquiry）的過程；同時當開始考慮要做出改變飲酒方式之類的行動時，最好是先從小地方下手。

以飲酒為例，我發現堅持只喝一種酒，是踏出改變飲酒習慣第一步的最好方式。除此之外，我的許多個案都告訴我，不同的酒會對他們造成不同的影響，所以如果我們想建立一種新的「飲酒方式」，第一個要知道的就是當我們在不同的條件下，喝下定量的酒精，身體會產生怎樣的反應。

舉例來說，注意一下有沒有哪一種酒你喝的特別快，或是哪一款酒似乎會讓你產生低落的情緒；以上，對改變飲酒習慣都會有所幫助。有時候，就連為自己訂一個「空腹不喝酒」的簡單規則，也能徹底改變飲酒隔天的狀況。

等待酒精作用的時間

此外，我的個案經常告訴我，他們晚上會因為酒喝得太快，太早讓自己進入「喝茫」的狀態，並發現自己喝的比他們原本想的還要醉。整體來說，透過我們的對話，他們多半會發現，這是因為他們把自己在青少年階段的飲酒方式帶到了成人階段。例如：酒喝得很快、一杯接著一杯，而且沒有留點時間等待酒精在他們體內產生反應。相較於享受酒精帶來的影響，他們的舉動就好像是把「美好時光」與「不斷飲酒」畫上等號。

另外，有吃過搖頭丸之類毒品的個案，通常都能因我的這番提示領略到他們在飲酒上的矛盾舉動；因為他們吃這類毒品的時候，一定會先吃進定量的藥物，靜待藥物在他們體內反應後，才決定是否要多吃一些。即使是喝咖啡，我們也不會這樣猛灌、豪飲，會在喝完一杯後先等一等，了解它「提振」精神的程度，再決定要不要續杯，因為我們都不希望自己的生活意外地被過量的咖啡因搞得一團糟。

我觀察到，不少人在面對酒精（或糖）的時候都不會有這種「等待」的行為。與這些個案交談的經驗，讓我不禁開始懷疑，我們之所以會對酒精這類物質產生這樣的表現，有一部分的原因，是不是因為它們實在是太好取得又能很快見效。

許多個案告訴我，他們的第一次飲酒經驗都是在同儕的鼓吹之下發生，而他們會盡可能在自己被家長接回家或抓回家之前，用最短的時間喝下最多的酒。你可能會以為只有不成熟的成年人才會有這些問題，實際上因這些問題找上我的個案不乏高情商、善社交、能力強的個案；而且他們都是在四十幾歲的時候，才透過我們的諮商面談發現，他們從十八歲開始會喝酒後，就沒有停下來重新思考他們該如何改變自己的飲酒方式這件事。

找到恰到好處的飲酒量

想要讓任何藥物發揮最大的功效，照理說不是應該在藥物一達到效果後，就盡可能讓它的藥效持續長一點的時間嗎？不過可不是所有東西都適用「多多益善」這套邏輯；記住，某些藥物對我們的獎勵效應，其實會隨著我們的用藥量增加而減少；酒精就是這樣的例子。

想讓酒精持續發揮至你最想要的功效，必須先找到那個對你恰到好處的飲酒量，接著之後飲酒都以此約束自己。我的許多個案在身體力行後都發現，這個方法能有效減少他們的飲酒量，因為他們會真正了解到自己想要從酒精得到怎樣的享受，而且還會明白，若想要讓這種享受的感覺盡可能延長，就必須放緩飲酒的速度。

當個案告訴我他們對自己前一晚喝了多少酒感到後悔時，我大多會請他們跟我說，他們覺得酒精在當晚的哪個時段對他們發揮了最正面的影響：他們會感到放鬆，整個人變得比較放得開，也比較有自信，但還是能掌控自己的行為和保有正面的情緒。幾乎沒有例外，絕大多數的個案都會告訴我，這個狀態會發生在傍晚時分那個時段。只不過，隨著他們不停歇的舉杯動作，最終他們都會把自己帶離那個「恰到好處的飲酒量」。

我發現這與節食有異曲同工之妙。食物和酒精都是十分令人愉快的東西，我們本來就會將它們與正面的感受畫上連結；但飲酒需要適量，飲食也是。一旦過度飲用或食用它們，它們帶來的快樂就會減少，也會讓我們越來越背離「自我善待法」的核心精神。

—如何找出恰到好處的飲酒量？—

要找出自己「恰到好處的飲酒量」，可以進行這個活動。請根據之前的愉快飲酒經驗（不只要考量到飲酒當下，還要考量到飲酒隔天的狀況），思考下列問題：

- 在那個飲酒經驗中，我在哪個時間點享受到酒精最大的樂趣？
- 我必須喝多少酒才能達到那種狀態？
- 我喝了什麼酒？
- 我在喝酒之前吃了什麼東西？
- 我飲酒之前度過了怎樣的一天？有怎樣的感受？
- 我是在用酒精「逃避問題」還是「面對問題」？

想在往後的人生，如何面對「酒精」？

我的許多個案發現，隨著他們的年紀漸長，他們擺脫宿醉的時間拉長了。在此同時，有些個案還會發現飲酒對他們的影響越來越大。舉例來說，我有幾位非常喜歡葡萄酒的個案，就發現這個習慣對他們的經濟已經造成不小的負擔。

所幸後來他們透過「把飲酒當成是一種享受生活的樂趣，而非逃避現實的工具」，成功解決了這個問題；這樣的轉變也讓他們在飲酒時能「重質不重量」，用心去品味每一口好酒的滋味。

大多數的個案都告訴我，不論他們自身的狀態有沒有隨時間產生什麼變化（例如：對酒精的耐受性、財務狀況，或宿醉的強度和消退時間等），他們都不想在自己三十幾歲時，還在用他們二十幾歲的那套方式喝酒，或在四十幾歲時，還在用他們三十幾歲的那套方式喝酒。這些人往往也有使用毒品的經驗，但基於種種原因，他們對毒品從來都沒有這樣的想法，主要是因為他們心中始終知道，隨著年紀的增長，他們一定會自然而然地停止這些買毒的行為和因毒品建立的關係。但酒精就不一樣了，因為它不僅是個合法飲品，還跟生活中的大小事息息相關，舉凡足球比賽、週末夜，甚至是喪禮，都有機會看得到它的身影並把它喝下肚。

因此，如果我們沒有下定決心要改變自己在飲酒上的習慣，有時候那種發生在毒品上的自然轉變根本不可能發生在我們身上。

思考能用怎樣不同的方式去重新框架你對飲酒的看法，讓它能迎合你任一人生階段中的理想生活型態，對你可能很有幫助。

我最近輔導的一位個案，在結束義大利的旅行後，開始用不同的方式喝酒，因為他在那裡觀察到義大利人喝酒的方式。他很喜歡義大利人那種緩慢的飲酒步調，也很欣賞他們把酒當做是一種「優化工具」（optimisation tool）的態度，因為他們只會在開心的時候以酒助興，例如在晚餐或已經感到適應和自在的社交場合。現在，當他想要過量飲酒，或背離自己預設的計畫（改變喝咖啡和飲食的方式也是他計畫中的一部分）時，他都會先問問自己：「義大利人會怎麼做？」

破戒後如何重回正軌？

物質濫用輔導人員發現，他們自己經常會把兩件事掛在嘴邊，這兩件事雖然看似矛盾，但也確實同時成立，分別是：

- 破戒是重要的學習機會！
- （但是）「零」破戒是你的目標！

請務必記住，就算真的破戒了，你也絕對有能力讓自己立刻重回正軌，不必讓它演變成復發的局面。話雖如此，你也要知道，大多數破戒的人，在回歸正軌前（至少短期內），可能都會因這個失誤，較難對自己保持友善的自我對話模式。

我輔導過一位二十二歲的女性個案，該個案已經戒了七個月的酒。當時她告訴我，她一直有種不知自己何時會「破戒」的感覺，因為跟她在同一個戒酒團體裡的幾個好朋友，前一陣子都破戒了。儘管他們都很快就重回正軌，也貌似沒因這樣受到什麼傷害，但朋友的這段插曲還是帶給她不小的衝擊，並讓她意識到破戒是一件多麼容易發生的事情。

至此之後，她就一直被「破戒也可能這樣輕易找上我」的驚恐念頭所籠罩。不過她也跟我承認朋友的破戒，也讓她對自己的行為更加戒慎恐懼，即便後來她也曾萌生破戒的念頭，但截至目前為止她都讓自己保持在「零破戒」的狀態。

「誠實」面對想破戒的念頭

我常聽到成癮治療的專家說，就算他們的個案此刻想破戒的衝動比以往更盛，但只要個案願意跟他們「坦承」這個念頭，基本上就不太容易真的破戒。事實上，我在那些需要成員互相分享各自感受、經驗的互助會常見證這一點，往往那些誠實說出內心渴望的人，都能成功阻止破戒發生；這或許是因為人貴在有自知之明，光是承認自己的這個念頭，就足以帶給我們極大的力量。

當然，破戒後重回正軌的難度會有多高，取決於你打算用怎樣的態度去排除這個狀況，以及把復發的標準定義在哪裡。正因為如此，就算是同樣的一個破戒行為，每一個人生活受到的影響的程度也不盡相同。從你為自己在破戒和復發階段之間設下的距離，就可看出你有多容易走回頭路、重拾舊習慣。如果你已經為改變努力了一段時間，卻還是拉不太開兩者之間的距離，大概會感到非常洩氣。

這個時候，記住這一點或許會讓你比較釋懷些，那就是：**我們必須承認那個想改掉的舊習慣也曾帶給我們幫助，這也是我們為什麼會對它們如此自在和熟悉的原因**。也就是說，你早就知道它並非一無是處，只是現在你知道自己值得更好的選擇。

「快速拉你一把」地圖

想像一下，你感受到有一股出乎你意料的強烈力量，要把你拉回過去的行為模式；這個時候你急切地看了一眼「快速拉你一把」地圖，希望從中獲取與之抗衡的力量。我現在要教你繪製的「快速拉你一把」地圖，就是為了幫助你度過這些時刻；只要看它一眼，就能快速想起，為什麼不管眼前的情況有多艱難，你都應該繼續堅守計畫的原因。

首先，在空白頁面的中央寫下「快速拉你一把」，並在其周圍畫一個圈，框住這幾個字。然後，記下你對以下問題的回覆，並用一個一個圓圈框住你寫下的每一件事。當然，你也可以隨手記下你認為在緊急情況中，能快速提點你的任何小語！

- 可以對自己說些什麼，好快速提醒自己，保持正軌對我是件多麼重要的事？
- 誰或許能幫助我？怎麼幫？他們的電話號碼是多少？
- 可以輕鬆地做些什麼事，或把注意力集中在哪方面上，不讓自己屈服在這股渴望或衝動？

營造回歸正軌的迫切感

如果你已經破戒，並發現自己需要一股動力幫助你立刻回到正軌，那麼建立一套短程版的「我不做出改變的人生」和「我做出改變的人生」地圖，也能助你一臂之力。例如，「如果我沒有在三天內回歸正軌，我會對自己說些什麼？」與「如果我在三天內回歸正軌，我會對自己說些什麼？」

擬定「重回正軌」計畫時，必須同時具體列出這份計畫需要做到和避免的事項。如果你之前有打算將自己置身在某個可避免的高風險情境下，那麼短期內一定要避免自己做出這個舉動。這是因為此刻你不但可能因偏離正軌灰心喪志，還比較容易產生自我破壞的舉動，以及「我毀了我一直以來的努力……」之類的負面想法。

明白「破戒不一定會演變成復發」的道理很重要，而且這個道理適用於生活中各個面向的改變。再者，我們越常質疑我們的藉口，它們出現在我們腦中的機會也才會越變越少。

以我自己為例，我現在絕不會說我不再吃某些食物，但我確實會把某些食物列為我的「破戒」食物。不過，這不代表我會避免食用這些食物，而是我知道它們可能會觸發我過去那種「吃了哪些食物，一切的努力就白費了」的飲食思維。如今我已經非常少出現因吃下某些食物，而不斷在內心批判自己的狀況。一方面是因為一旦我選擇吃下這些食物，我就會把它們視為一種偶一為之的無害行為，然後快速將重心放回原本的飲食計畫上；另一方面則是因為，我知道「我浪費越多的時間攻擊自己，我離我想去的地方就會越遠」。

認清警訊

破戒的時候，我們常常會覺得它發生的一點預兆都沒有，但如果回頭去想一想破戒前的那段時光，往往都會發現自己錯過了一些麻煩正在醞釀的早期警訊。

以下範例是以戒酒個案為例，列出他在戒酒時應特別留意的早期警訊：

- 接受輔導的頻率變低，或完全不去接受輔導。
- 在接受輔導前，沒有為輔導做出充分的準備。
- 與一起戒酒的重要夥伴失去聯絡。
- 不在乎個人衛生習慣。
- 不花時間做正念冥想。
- 不以自己的外貌和周圍的事物為傲。
- 開始用舊有的負面思考模式去解釋自己和其他人的所作所為。

- 與過去熟識且現在依舊有在喝酒的酒友聯絡。
- 比較少花心思去避免或規畫高風險情況。
- 與家人和朋友間的關係疏遠。
- 在需要幫助的時候把自己封閉起來，不向外界尋求支援。
- 養成其他不健康或有害的習慣。
- 沒有注意到或不願面對自己日益增長的怨恨、生氣和挫敗感受。
- 忽視自己的身體健康。
- 不常去戶外走走。
- 不在乎財務狀況，使自己負債累累。
- 沒按照約定的時間去看病或參加重要的會議。
- 睡眠不足，或無法保有良好的睡眠品質。

花點時間為自己列出一份早期警訊清單，能讓你更了解這些細微變化有可能以怎樣的組合和強度，影響你對計畫的執行力。事實上關於復發，正如我最近的一位個案所言：「這就好像你以為把你帶離計畫正軌的是一頭大象，但回頭一看才發現，始作俑者是一群螞蟻。」

隨時調整自己

如果你發現自己有特定的習慣持續復發，可以隨時藉由重新繪製相關的地圖調整自己。這也是執行「自我善待法」的過程中最美好的地方，因為除非是要變更整體改變的目標，否則永遠都不必擔心自己必須因此「從頭來過」。

實際上，就算要另起目標，也不必「從頭來過」，因為絕大多數的基礎準備工作，都已經在執行上一份目標時白紙黑字的寫下，所以頂多只需要再根據你當下的目標，調整部分地圖的內容即可。

「自我善待法」是一套不帶任何批判色彩的框架，隨時都可幫助你重新調整自己的狀態，讓你透過一張一張地圖越來越了解自己。但願此時此刻，無論正處於哪個特定計畫的特定階段，都已能在生活的各個方面更加善待自己。

後記

在不完美的改變中穩步前行

無論你想改掉的習慣是酒精成癮，還是手機焦慮症，都希望「自我善待法」能讓你更加留意到「強迫」做出這些行為的原因。

當然，說比做容易，要改變根深蒂固的習慣永遠不是一件輕鬆的事。儘管本書所有活動的目的都是為了幫助你更了解自己的思想和行為，但是要從這些觀察結果中做出怎樣的行動，最終還是由你決定。

我知道要我們在只想匆匆對自己的觸發因素舉手投降的時候，有意識地去探究自己的想法和感受，是一件非常困難的事。因此，在任何改變過程的初期，大概都可以感受到自己處在一種拉扯狀態；這種感覺就好像是你想去按那顆「去你的！」按鈕，但你的手指卻一直懸在上頭沒按下去。

好消息是，想按下按鈕的渴望會隨著時間的推進逐漸減少，因為你會感覺到自己越來越能處之泰然地面對不適感，默默地靜觀其變。然後你會一遍又一遍地向自己證明，不管是煩人的同事、惡劣的天氣或令人心煩的無趣時刻，都不足以讓你做出不善待自己的行為。雖然即使到了那些時候，你心中可能還是會冒出許多不友善和有說服力的負面內心話，但你會記住，「你」才是決定這些想法能否付諸實行的關鍵。你會知道唯有善待自己，才能讓你穩步朝目標前行，用最快的速度擁有你想要的生活。

在寫這本書的時候，我也曾因生活的變化萌生重拾老習慣的念頭。雖然我對自己沒有將這些念頭付諸實行感到驕傲，可是我也沮喪地意識到，就算我已透過長期的努力，適應了更能善待自己的新習慣，也對舊習慣產生永久的抵抗力，但我或多或少還是會對自己說一些苛刻的話。

幸好，這一段時間，我也注意到自己生活中的很多面向都從一些很根本的小地方改變了，而且照目前的情況來看，它們似乎仍持續在往更好的方向前進。

現在的我不但「很少」被自己的負面說詞牽著鼻子走，更是「絕對不會」允許它們破壞我的計畫。

謝謝這一路走來的各位

在行為治療這條路上，雷・詹金斯是對我影響最大的人。他是我的教練、上司、同事、導師、標竿和朋友，我永遠都報答不完他給我的機會。

此外，多虧瑪莉莎・貝特一系列勇敢又引人共鳴的文章，讓我有機會碰到我（現在）的經紀人莎拉・威廉斯（Sarah Williams）。謝謝莎拉帶著我走完了撰寫《善待自己，即便你不完美》的這條路，也謝謝她讓我能夠與卡羅・湯金森（Carole Tonkinson）和她在藍鳥（Bluebird）出版社的團隊一起工作。

謝謝我獨自在公寓裡寫作的那幾個月，以各種方式幫助我的家人和朋友。他們幫我校對文稿、試做地圖，並提供了許多有用的反饋，對這本書有莫大的貢獻。我除了從他們身上得到很多專業的建議，也得到了很多的暖心的鼓勵。謝謝薩文・查達（Saven Chadha）、喬爾・強皮恩（Joel Champion）、艾達・伐雅

（Aida Faryar）、瑞秋・菲斯（Rachel Firth）、漢娜・菲斯（Hannah Firth）莎拉・菲斯（Sara Firth）、艾芭・谷鐵雷斯（Alba Gutierrez）、葛瑞絲・谷鐵雷斯（Grace Gutierrez）、克里斯・谷鐵雷斯（Chris Gutierrez）、艾伯茲・伊扎迪（Alborz Izadi）、保羅・賈格爾（Paul Jagger）、米里亞姆・基爾帕特里克（Miriam Kilpatrick）、黛安・萊德勞（Diane Laidlaw）、威爾・路易斯（Will Lewis）、莎拉・米契爾（Sarah Mitchell）、菲普希・賽樂恩（Fipsi Seilern）、詹姆士・塞弗林（James Severin）、湯姆・厄普徹奇（Tom Upchurch）和山姆・韋爾頓（Sam Welton）。

在此我也要對我的父母深表感謝，謝謝他們對我展現了龐大的支持、包容和同理心。

最後，感謝那些長期在改變之路上努力的人，謝謝你們教了我許多關於抗壓性、自覺力和善待自己的觀念。

國家圖書館出版品預行編目 (CIP) 資料

善待自己，即便你不完美：拋開習慣性自責的思維，從 10 張探索地圖中自我覺察、無痛改變，活成自己喜歡的模樣／莎魯．艾札迪 (Shahroo Izadi) 著；王念慈譯. -- 初版. -- 新北市：奇点出版：遠足文化發行，2020.10　面；公分　譯自：The kindness method : change your habits for good using self-compassion and understanding
ISBN 978-986-98941-0-4(平裝)

1. 自我實現　2. 習慣

177.2　　109012041

善待自己，即便你不完美

拋開習慣性自責的思維，從 10 張探索地圖中自我覺察、無痛改變，活成自己喜歡的模樣

作　　者：莎魯．艾札迪（Shahroo Izadi）
譯　　者：王念慈
主　　編：周書宇
封面設計：謝佳穎
內文排版：葉若蒂
印　　務：黃禮賢、李孟儒

出版總監：黃文慧
行銷總監：祝子慧
行銷企劃：林彥伶、朱妍靜

社　　長：郭重興
發行人兼出版總監：曾大福
出　　版：奇点出版・遠足文化事業股份有限公司
地　　址：23141 新北市新店區民權路 108-3 號 8 樓
網　　址：https://www.facebook.com/singularitypublishing
電　　話：（02）2218-1417
傳　　真：（02）2218-8057

發　　行：遠足文化事業股份有限公司
地　　址：23141 新北市新店區民權路 108-2 號 9 樓
電　　話：（02）2218-1417
傳　　真：（02）2218-1142
電　　郵：service@bookrep.com.tw
郵撥帳號：19504465
客服電話：0800-221-029
網　　址：www.bookrep.com.tw
法律顧問：華洋法律事務所 蘇文生律師
印　　刷：前進彩藝有限公司
電　　話：（02）2225-0085
初版一刷：2020 年 10 月
定　　價：360 元